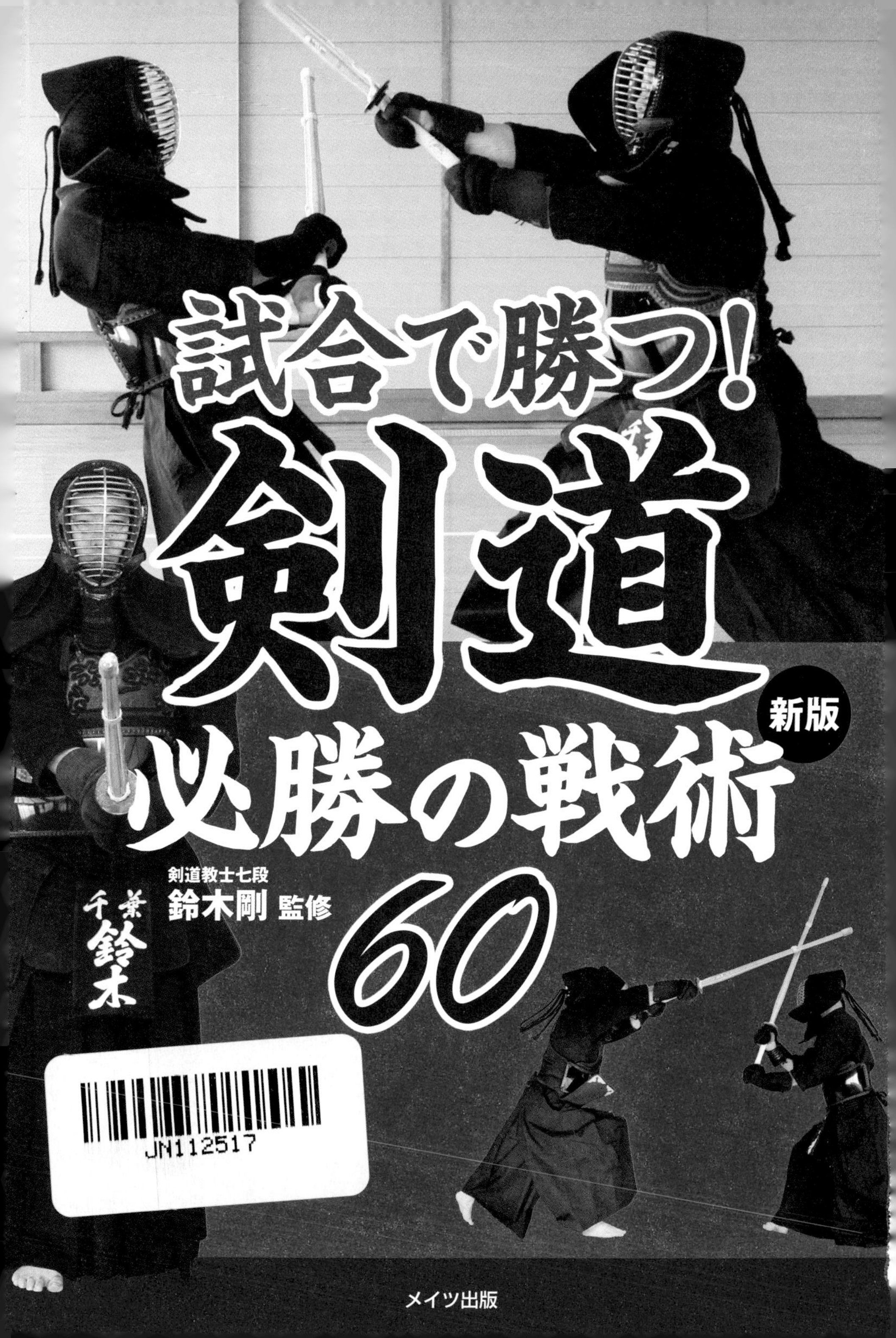

試合で勝つ！剣道 必勝の戦術60

新版

剣道教士七段
鈴木剛 監修

メイツ出版

はじめに

本書を手にされた皆さんは、きっと『試合に勝つためにはどうすればいいのだろう』という思いを持たれていると思います。

しかし日本の武道の中でも、とりわけ剣道においては、試合に勝つことが目的ではないと言われます。それには私も同感です。試合で勝つことだけを目的として剣道をしているわけではありません。

そもそも試合とは、文字通り『試し合い』だと私は思うのです。練習して修得してきたものをどれくらい出せるか、あるいは修得してきたものがどの程度通用するか、弱気になっていないか、気持ちで負けていないかなど、そのときの自分の技術や精神を相手と『試し合う』機会であるということです。

試合に勝てれば、修得してきたものが間違いではなかったと確信できるはずです。そして、さらに技や精神に磨きをかけ、さらなる高みを目指すきっかけとなるでしょう。もし負けてしまったら、その原因を考え、その後の練習に活かす絶好の機会となります。

試合に勝つことは、勝つことが最終目的ではなく、いま言ったように、自らをさらに高みへと誘うための手段なのだと私は思います。そのような視点に立つと、これまでと違った剣道の見方ができるようになり、日々の剣道に取り組む姿勢も変わってくるはずです。

本書は、これまでの私の経験から、試合に勝つための考え方や試合の進め方にはじまり、効果的な攻め方や打突技術について解説しています。しかし、仮に本書とまったく同じ場面があったとしても、相手が違えば相手の考えや反応は異なるに違いありません。本書を参考にして、さらに自らの色を加えるなどして、さらに上を目指すための資料として活用していただけたら幸いです。

鈴木剛

構えの基本

構えはすべての基本。正しい構えなくして正しい打突、効果的な打突を行うことはできないと心得ておこう。

・中段の構え

両足の間は肩幅よりやや狭くなる程度で開き、左足（後ろ足）の踵は常に床に着けないよう浮かせておくことが重要だ。

前後左右、どちらの方向にも素早く動けるよう、重心を体の中央に置き、腰を安定させておく。

・竹刀の握り

竹刀は手の内で握りしめるのではなく、両手首を軽く内側に絞り脇を締めて写真のように握る。左手は柄頭（柄の末端）を余さないようにし、小指で柄頭を握るようにすると、打突時、手首のスナップを利かせた、冴えのある力強い打突が可能となる。

目次

※本書は2012年発行の『試合で勝つ！剣道　必勝の戦術60』を「新版」として発売するにあたり、内容を確認し一部必要な修正を行ったものです。

第一章　試合開始直後・中盤・終盤の考え方と進め方

第四章 試合に臨む際の心得

第一章

試合開始直後・中盤・終盤の考え方と進め方

この章では、試合開始直後の相手の癖の見抜き方や試合の進め方、中盤以降に一本取っている場合、取られている場合など、シチュエーション別の考え方と試合の進め方について解説する。

No.01
基本姿勢（序盤）

自分にとって近い間合いで、相手にとって遠い間合いで試合をしよう

間合いについて解説しておこう。自分にとって近い間合いで、相手にとっては遠い間合いで試合を進めることができれば、かなり有利になれる。お互い同じ距離なのに、なぜ一方だけが遠くなるのか疑問に思うかもしれないが、間合いとは距離的なことだけではない。試合では、どの選手も中心を取り合うことから始めるものだが、**中心を取られ、攻めの圧迫感が加わると、重心が後ろに移動しがちだ。**こうなると、通常よりも前に飛ぶことができず、結果的に間合いが遠くなる、ということなのだ。

Point 1 相手の中心を取り攻め続ける

相手の中心を取るのは剣道の基本だが、取り合いの中で攻め続け、常に中心を取るよう心がけておこう。
相手に中心を取られたと思わせることで、恐怖感を与え、その後の攻めもあいまって、相手に守りの意識を植え付けると同時に、重心を後ろに移動させることができる。

Point 2 相手の重心が後ろになったことを確認

Point1で説明したとおり攻め続けた結果、相手は恐怖心から守りの意識を持ち、重心を後ろにさげる可能性が高くなるものだ。
写真のように相手が重心を後ろに下げたことが確認できたら、こちらにとって近い間合い、相手にとって遠い間合いになっていると考えていい。

Point 3 攻めの意識を持ち続け常に圧迫感を与える

相手が重心を後ろに移動させたからといって、安心していてはいけない。
常に攻めの意識を持ち、圧迫感を与え続けることではじめて、この間合いを作ることができるからだ。こちらの重心は中心にあっても、気持ちの分、前がかりになっているくらいで丁度いい。

指南 プラス+1

普段の練習から意識しておく

試合の中で、誰しもが重心を後ろにさげてしまったり、左足の踵を床に着けてしまったりするものだ。これは高段者になっても行ってしまうものであり、完全になくすのは不可能に近い。しかし、普段の練習から意識して、踵を着けてしまった、重心を後ろにしてしまったなど、その都度注意して直すように努力すれば、減らすことはできるものだ。このことに気付いているのといないのとでは、特に試合では大きく差が出るので、打たれる状況をなるべく作らないよう普段から心がけよう。

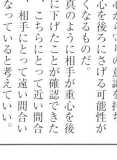

流れ

No.02
癖を見抜く（序盤）

相手の剣先を押さえ、押し返してくる相手は攻撃的な場合が多い

試合開始直後、いきなり勝負をかけて打つ選手は少ないだろう。まずは相手のタイプや癖を見抜き、どのような攻撃が効果的なのか探る必要がある。

そこで、試合が始まったら、まずは相手の竹刀を表裏両方から押さえてみよう。竹刀を押さえたとき、相手もそれに応じて**押し返してくるようなら、攻撃的**と言える。逆に**押し返してこない場合は、自信がない場合や応じ技を狙っている場合が多い**。また、表と裏、どちらがより強く押し返してくるのか探っておくことも重要だ。

Point 1 表と裏の両方で竹刀を押さえてみる

試合が始まったら、相手の竹刀を表と裏から押さえてみよう。どちらがより強く押さえ返してくるか、反応するかによって、その後の技の選択を考え、変えていく。ただし、相手がわざと押さえ返さなかったりする場合もあるので、何度も繰り返し、見極める必要がある。

Point 2 表の押し返しが強ければ裏の技が効果的

表から押さえたときの押し返しが強いと判断したら、その相手には裏からの技が効果的であると言える。相手の押し返しが強ければ強いほど、こちらの竹刀を裏に回したとき、瞬間的に振れるため、相手の剣先が戻すまでの動きが瞬間的に遅れることになるからだ。

Point 3 裏の押し返しが強ければ相手の表を攻める

Point2とは逆に、裏の押し返しが強いと判断したときは、表からの攻撃が効果的であると言える。同様に、相手の押し返しが強ければ強いほど、こちらの竹刀を表に回したとき、相手の剣先が瞬間的に振れるため、戻すまでの動きが瞬間的に遅れることになるからだ。

指南 プラス+1

強く押さえ過ぎず剣先を相手の内側に

相手の竹刀を押さえるとき、表裏どちらでも言えるが、必要以上に強く押さえ過ぎないように注意しよう。相手に竹刀を抜かれたとき、こちらの反応が遅くなり中心を取られる。目安としては、こちらの剣先が相手の体の内側にあるような状態にしておく。その状態で相手の手元の方に攻め入ると、より強い攻めとなり、相手に圧迫感を与えることができるようになる。

○

×

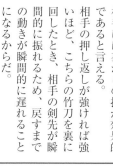

流れ

No.03
癖を見抜く（序盤）

相手の剣先を押さえ、押し返してこない相手は、そちら側に自信を持っている

No.02（P12）では相手の竹刀を押さえたとき、押し返してくる相手を想定していたが、逆に押し返してこない相手という場合もある。相手の竹刀を表と裏の両方から押さえてみて、どちらがより押し返してこないか確認してみよう。**押し返しが弱ければ弱いほど、相手はそちら側の攻めに対し、自信を持っている**可能性が高い。つまり、打ってきても防御したり応じたりすることができると考えているからだ。このような場合は、逆側の技が効果的と言えるが、単調な技ではなく、連続して技を出そう。

Point 1 表と裏の両方で相手の竹刀を押さえてみよう

No.02（P12）同様、試合が始まったら、まずは相手の竹刀を表と裏の両方から押さえてみよう。相手が竹刀を押し返してこないタイプの選手だった場合、どちら側がより押し返してこないかを確認しておく。ただし、No.02のアドバイスでも触れたが、押しすぎは禁物なので注意しよう。

Point 2 表で押し返してこなければ裏の技が効果的

表から押さえたときの押し返しがより弱いと判断したら、その相手には裏からの技が効果的である可能性が高いと言える。こちらの表からの攻撃、つまり面に対する防御、あるいは面に対する応じ技に自信があると思われるからだ。この場合、裏で一本取ることを考えるといい。

Point 3 裏で押し返してこなければ相手の表を攻める

Point2とは逆に、裏の押し返しがより弱いと判断したときは、表からの攻撃が効果的と言える。同様に、相手は裏からの攻撃、つまり小手に対して、防御したり応じたりする自信があると思われるからだ。このような場合には、表からの攻撃で一本取ることを考えるといい。

指南 プラス+1

正攻法で攻めると見せて相手の裏をかく

Point2と3では、相手は押し返してこない側に自信を持っていると紹介した。そこで、このような相手には、どのような技が効果的か例示しておこう。まず表で押し返してこない場合。この場合、「押し返してこないならば面を打つ」と見せて、面の防御あるいは応じ技に反応させておいて小手に変化する。裏で押し返してこない場合は、小手摺り上げ面などの小手の応じ技に合わせて、小手・胴の連続技などで攻めると効果的な攻撃となり、相手の裏が取れ、一本が取りやすくなる。

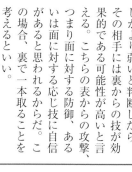

流れ

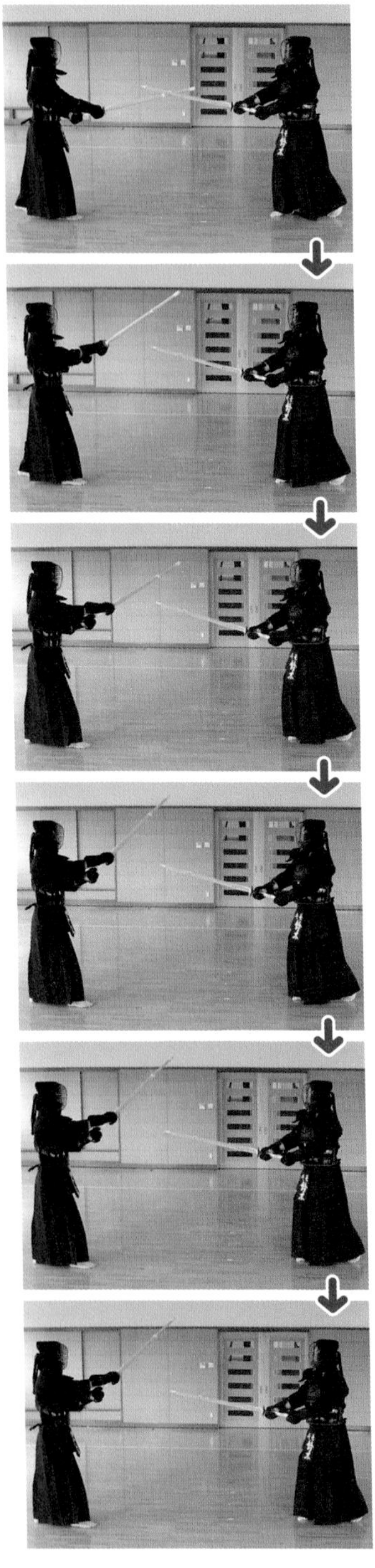

No.04

癖を見抜く（序盤）

攻め入ったとき、相手が手元を動かしたら攻めが効いている

試合が始まって相手のタイプや癖を見抜くことができたら、次はこちらの攻めが効いているか確認することが重要になる。攻めが効いていないのに打突しても、一本を取ることができないばかりか、逆に一本取られる可能性が高くなってしまうからだ。

そこで、攻め入ったときの相手の反応で、攻めが効いているかいないかを判断しよう。**相手が手元を動かすようであれば、攻めは効いていると考えられるが**、動かし方には主に3通りあるので、詳しく解説していこう。

Point 1 左手が左上に動いたら竹刀を上げる意識が大きい

左手が左上に動く

攻め入ったとき、相手が左手を左上に動かした場合は、竹刀を上げて防御しようとする意識が大きいと考えられる。これは、いわゆる三所避けと言われるもので、面・小手・胴のすべてを防御しようとするものだ。この場合、相手に攻撃する意識はほとんどないと考えていい。

Point 2 左手が右手の下に入ったら攻撃の意識も頭にある

左手が右手の
下に入る

攻め入ったときに、相手の左手が右手の下に入るようであれば、こちらの攻めが効いてはいるのだが、相手も攻めの意識が半々くらいの割合で頭にあると考えておいた方がいい。相手の剣先が、まだこちらに向いているためだ。この場合、すり上げ技などの攻撃の可能性もあるので注意しよう。

Point 3 手元が前に出てくる相手は困って手を出してくる

手元が
前に出る

相手の手元が前に出てくるような場合は、基本的に相手は困って手を出してくるような状態だと考えられる。この場合、こちらが攻め勝っていると言えるが、不用意に入りすぎたり間合いを詰めすぎたりすると、相手の技が当たってしまう可能性もあるので注意しておこう。

指南プラス+1

三所避けの癖は直しておこう

Point1で触れた三所避けだが、解説したとおり、技を受けるだけになり、技が出せなくなる。あるいは受けてからでないと技を出せなくなるので、受けるのではなく、返すことを意識しておこう。三所避けは、受けになってしまうため、一本を取りに行くことが困難になる。この癖がある人は、日々の練習の中で強い意識を持って直すようにしておいてほしい。

また、Point3で手元が前に出てくる相手は、こちらが出る瞬間を狙っている場合もあるので、注意しておこう。

流れ

No.05
癖を見抜く（序盤）

攻め入ったとき、攻め返してくる相手は強いと心得て、側面正対で攻める

こちらが攻め入っても、相手は手元を動かしたりせず、こちらに負けじと攻め返してくる場合がある。このタイプの選手は、技術的にはもちろん、精神的にも非常に強いと心得ておこう。

しかし、だからと言って試合に負けるわけにはいかない。そこで、このタイプの選手が相手だった場合は、**正面から攻めても難しいの**で、**側面正対して攻めることが重**要になる。つまり、足捌きで相手の横に出て、側面から正対すれば、相手が正対するまでの間、五分の状態に持っていくことができる。

Point 1 攻め入ってみて、攻め返してくる相手か確認する

試合が始まったら、攻め入ってみて、攻め返してくるのか、逆に下がる相手なのかを確認するようにしよう。攻め返してくるような相手であれば、かなりの実力者であると判断できる。正面から攻めても勝機を見出せないと感じたら、その後の試合の進め方も変わってくる。

Point 2 側面正対で左右から攻める

攻め返してくる相手だった場合は、側面正対、つまり相手の横に出て側面から正対するよう心がけよう。相手は正対するために体の向きを変える必要があるため、その間、相手と五分の状態を作り出すことができる。自分よりも大きい相手と試合する場合も効果的だ。

Point 3 側面正対は足捌きで行う

側面正対の足捌きは次のとおり。相手の横に出るときは、足捌きを使おう。右に出るのであれば右足を先に右前方に移動させ、左に出るのであれば先に左足を右足を超えない程度で左前方に移動させ、もう一方の足を移動させる。先に移動させた足は、着地したときにつま先を相手に向ける。

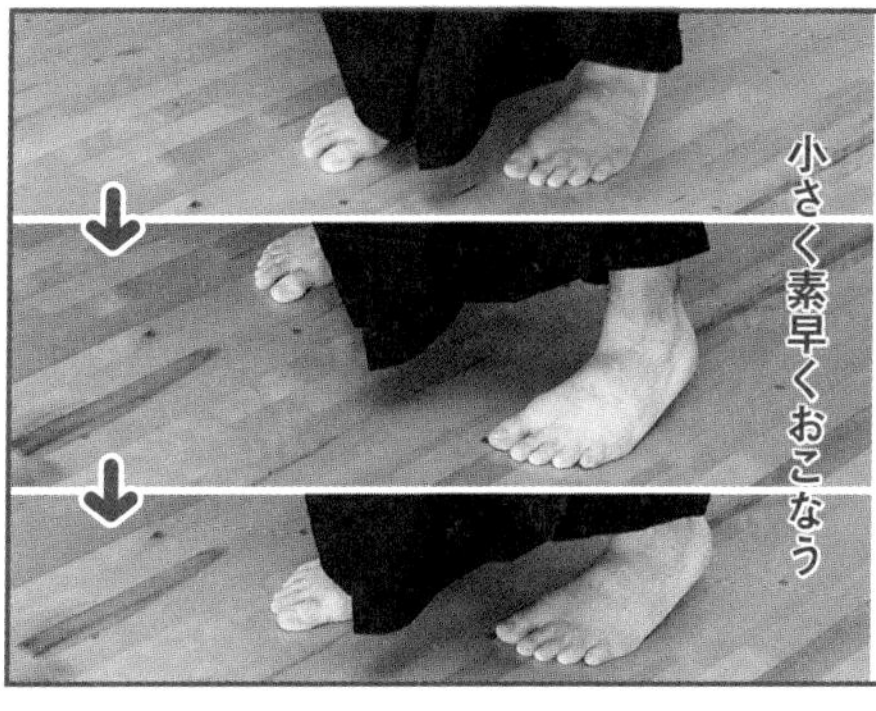

指南 プラス+1

一旦間合いを切って呼吸を外す

試合では、常に自分の方が強いとは限らない。自分の技術に自信を持つことはいいが、だからといって上には上がいるというのも事実なのだ。しかし、それでも試合には勝たなければいけないし、負けを覚悟しながら試合を行う選手はいないだろう。そこで、ここで紹介した攻め方の他に、一足一刀の間から竹刀を払うなどして一旦距離を置き、間合いを切ることで、相手の呼吸を外す、というのも効果的だ。そうして仕切り直してから、側面正対などを織り交ぜ試合を進めていくことが重要だ。

流れ

No.06
癖を見抜く
（序盤）

攻め入ったとき、相手が間合いを切り、後ろ足の踵が床に着いている場合は攻め込んでこない

こちらが攻め入ったとき、相手が下がる場合で、後ろ足の踵が床に着いているときがある。これでは相手は攻め込めず、こちらの攻撃のチャンスになるが、見極めは経験が必要だ。そこで、ここでは相手の踵が床に着いた場合の体勢の変化と状態について紹介しよう。

見極めるポイントは、相手の剣先と上半身。試合開始直後の相手の構え、つまり踵が床に着いていない状態をよく観察し、その状態と比較して、**顎が上がっていたり上体がのけ反るような姿勢になった瞬間、踵が着いていると言える。**

Point 1
剣先が下がり上体がのけ反る

相手が踵を着いている状態で、いちばん判断しやすいのが、剣先が下がり、上体がのけ反っている場合だ。こうなるとまず打ってくることはない。相手は防御しか考えておらず、こちらの技を防ぐか体を反らせて避けることしかできなくなっているので、攻めるチャンスだ。

Point 2
剣先が上がり顎が少し上がる

次に、顎が少し上がり、剣先が上がった瞬間も、踵が床に着いたことを示す状態だ。このような場合、相手は力を入れて技を出すことができず、手先の技を出したり、こちらの攻撃を竹刀で避けようとすることが多くなる。不用意に詰めてはいけないが、攻めるチャンスなのは間違いない。

Point 3
相手の状態を見極め攻め方を選ぶ

Point1の状態であれば、相手は何もできないに等しいので、間髪入れずに強く攻め込もう。Point2の状態のときは、相手の剣先を押さえながら打突するといい。連続して攻めれば、相手をPoint1の状態にさせることも可能となり、よりチャンスを広げられる。

指南 プラス+1
顎の上がり方を確認する

試合では、わざと上体をのけ反らせたりして、こちらを引き込んでおいて技を出そうとする相手もいる。上体がのけ反ったからといって不用意に間合いを詰めてしまうと、術中にはまってしまう。

そこで、相手が本当に踵を床に着けて上体をのけ反らせているのかを判断するには、顎の上がり方を見極めるのがポイントだ。極端に上がることはないが、かすかな違いを見逃さないようにしよう。また、引き込もうとしていると判断したとき、わざと騙されたふりをして行ってもいい。

流れ

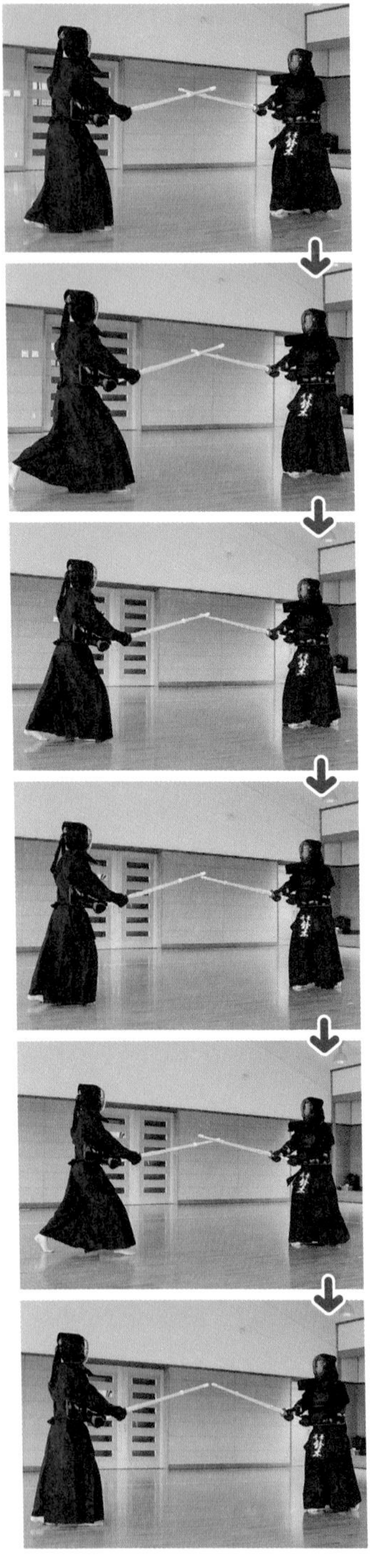

No.07

癖を見抜く（序盤）

攻め入ったとき、相手が間合いを切り、後ろ足の踵が床に着いていない場合は要注意

No.06（P20）では、こちらが攻め入ったとき、相手が下がり後ろ足の踵を床に着けた状態を解説した。しかし、同じ下がったのだとしても、**相手の後ろ足の踵が床に着いていない場合**は、こちらを引き込もうとしている場合もあるので、**必ずしも攻め勝っているとは言えず**、不用意に間合いを詰めると、危険なこともある。

相手の体勢、特に上半身の姿勢の変化を見極めながら、焦らず慌てずに試合を進めていくことが重要だ。その上で、相手を攻め、技を選んでいかなければならない。

Point 1 体勢が変わらずに間合いを切った場合

No.06（P20）でも解説したが、後ろ足の踵が床に着いた場合、体勢、特に上半身、顎と剣先に動きが現れるものだ。逆の言い方をすれば、この変化が現れなければ、相手は床に踵を着けていないはずなので、攻め勝っているとは思わず、五分五分だと心得て、慌てずに試合を進めよう。

Point 2 攻め勝ったと錯覚し不用意に入らない

Point1でも解説したが、この状態では攻め勝ったことにはなっていない。したがって、攻め勝っていると錯覚し、不用意に間合いに入ったり技を出したりしてしまうと、相手に引き込まれるだけで、かえって一本を取られる可能性が高くなり危険なので注意しておこう。

Point 3 引き込まれなければ迷いを生じさせる

このような状態のとき、相手はこちらを引き込もうとしている可能性が高い。そのことを察知し、間合いに引き込まれないようにすれば、相手に迷いを生じさせることができる。つまり、考えさせることができるため、それが相手の隙を作ることにもつながり、優位に立てる。

指南プラス+1

わざと引き込まれて相手に錯覚させる

ここでは相手に引き込まれないように注意することが大切だと解説したが、剣道では、それを逆手に取ることも、試合で勝つためには必要なときがある。わざと引き込まれたふりをして、相手の間合いに入るのだ。相手は自分が攻め勝っている、あるいは思ったとおりに試合が運んでいると錯覚させることができる。引き込まれてしまうのと、引き込まれたふりをするのでは、相手の心の準備、こちらの準備に大きな違いが生じ、結果的にこちらのペースで試合を運ぶことができる。

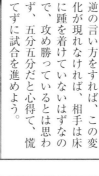

流れ

No.08
癖を見抜く（序盤）

攻め入っても相手が動じない場合は、動くまで上下左右を攻め試してみる

試合が始まり、こちらが攻め入っても、相手が手元を動かしたり下がったりすることなく、まったく動じない場合がある。このようなときは攻め勝っていないので、不用意に技を出しても、なかなか一本を取ることはできない。

そこで、相手がまったく動じない場合は、**上下左右を攻めてみたり、竹刀を払ったり巻いたりして、相手が反応する場所を探そう。**必ずどこかで反応するはずだ。左手が動けば、こちらの打突を警戒している。手元が前に出れば、その瞬間を狙っていると考えられる。

Point 1 上下を攻めて反応を見る

まずは上下を攻めてみよう。上の場合は左目あるいは眉間を攻め、面を意識させる。下の場合は相手の鍔元に剣先を向け、小手を意識させる。
これで左手が動くようなら打突を警戒し、手元が前に出るようならこちらの打突に合わせて出ばな、返し技を狙っていると考えられる。

Point 2 左右を攻めて反応を見る

上下の攻めでも相手が動じなければ、左右の攻めで反応を見てみよう。No.05（P18）で解説した側面正対を用いて、相手の右に出たり左に出たりしてみるといい。
右に出れば相手に面を意識させ、左に出れば小手を意識させられる。Point1同様、相手の反応を確認しよう。

Point 3 払いと巻きで反応を見る

払い、巻きで反応を見る

上下左右の攻めをおこなったら、次は、剣先で相手の剣先を払ったり巻いたりして、相手の反応を見てみよう。

特に払うときは、強弱や遠近の変化をつけてみると、相手の反応が変わるのがわかりやすくなる。巻く場合は、自分の剣先が相手の体から外れないように注意しておこう。

指南プラス+1

上下左右に払い巻きを組み合わせてみる

ここでは『上下』『左右』と『払い巻き』を別々に解説したが、実際の試合では『上下』と『払い巻き』、あるいは『左右』と『払い巻き』を組み合わせてみると、より効果的だ。つまり、上を攻めながら払ってみたり、左から攻めながら巻いてみたりと、さまざまな方法で相手の反応を探ることで、必ずどこかで手元を動かす場面が出てくるはずだ。

また、本文でも触れたが、動じない相手に不用意に間合いに入ってしまうのは危険なので、試合では特に注意する必要がある。

流れ

No.09
試合の進め方
（序盤）

試合が始まったとき、自分が試合場の中心（×印）の上に立つイメージで位置取りする

剣道では、試合場の広さが一辺9mから11mと定められている。境界線から出てしまえば場外の反則を取られてしまうため、試合では自分の立ち位置が重要になるのだ。

そこで、試合場の中心にある**×印の上に自分が立って試合を進めるようなイメージを持っておくと、**相手は境界線を背にすることになるので、極めて有利になると言える。こうすれば、前後左右どちらでも技が出せ、相手の技の選択肢を狭めることができるからだ。試合で常にその場に立つのは難しいが、意識しておくことが重要だ。

Point 1 前後どちらでも技が出せる

前後左右に
技が出せる

剣道では前に出て相手の横を抜けていく技と、逆に打突後、後方に下がっていく技、左右に捌く技がある。中心に立っていることで、前後左右、どちらに移動しても場外に出る恐れがなくなるため、技の選択肢を限定することなく、状況に応じて様々な技で打突できるようになる。

Point 2 相手の技を減らし圧迫感を与える

技が減り
圧迫感を感じる

こちらが中心に立てれば、相手は境界線に近づき背を向けることになる。つまり、後方に距離がないことから、引き技の選択肢がなくなり、技の選択を減らすことができると同時に、圧迫感を与えることができるようになる。精神的に優位に立つことが可能となるのだ。

Point 3 様々な技を用いて結果的に中心に立つ

試合では、いつでも自分が中心に立てるわけではない。当然、相手も境界線に近づくことを嫌うからだ。そこで、これまで解説してきたような攻めを駆使し、結果的に中心に立っているようなイメージで試合を進めよう。中心にいる時間が長いほど、試合を有利に進められる。

指南 プラス+1

意識するあまり不用意にならない

ここでは中心に立つことが、いかに有利であるかを解説した。しかし、だからと言って、簡単にその場に立てるわけではないのは、本文でも記載した。試合の中で、中心に立つことを意識しすぎると、無理に一歩前に出てしまったりして、不用意に相手との間合いを詰めてしまうことになり、かえって危険を伴う。中心に立つことが望ましいが、急いだり焦ったりすることなく、相手を攻め、動き動かしながら、結果的にその場に立てている、というくらいの気持ちでいるようにしよう。

流れ

No.10
試合の進め方（序盤）

相手の得意技は、それを狙っているあまり、いついたり起こりが出る場合があるので、同じ技で打つといい

　どの競技でも言えることなのだが、ひとつの技を狙いすぎるあまり、体に力が入ってしまい、剣道でいう、いわゆる「いつく」状態になったことはないだろうか。

　この状態になると、体が力むと同時に動きも止まってしまう。

　そこで、相手の得意技を知っている場合、あるいは試合の中で気付いたときで、**相手がいつくことがあったら、あえてその得意技で打突してみよう。**他の技で打突するよりも、相手は虚を突かれ、瞬間的に反応できなくなるため、一本になる可能性が高くなる。

Point 1
いつく状態を把握する

相手が得意技を狙いすぎていると、いわゆるいつく状態になり、体に力が入りすぎて、瞬間的に動きが止まることがある。あるいは、通常よりも気持ちが前に出てしまう分、起こりを見せてしまうこともあるので、この状態になることをしっかりと把握し、見逃さないようにしよう。

Point 2
突きに対して突きで打突

突きを得意とする相手が、それを狙っている場合は、剣先が下がり下を狙おうとするものだ。これはこちらの手元を下げさせるためのものだが、この状態でいついていると気付いたら、突きを打突しよう。相手の手元も下がり、瞬間的に動けないので、一本になる可能性が高くなる。

Point 3
引き技に対して引き技で打突

相手が引き技を得意としている場合は、その技を狙いすぎていると、体が沈むような感じになることがある。また、引くことに気持ちがいくため、動きが止まりやすいという特徴もある。相手がこのような状態になったら、その瞬間を逃さず引き技で打突すると決まりやすい。

指南 プラス+1
攻めが雑になり起こりを見せる

いつく状態の場合は、相手の体に力が入りすぎて瞬間的に動きが止まるため、比較的判断しやすい。起こりを見せる場合は、それほど攻めが効いていないような状態でも、その技を狙いすぎるあまり打ち急いでみたり、攻めそのものが雑になる傾向が見られる。その結果として起こりを見せることになるので、冷静に対処して同じ技で一本を取りにいこう。逆の言い方をすれば、こちらが得意技を狙うときは、いついたり起こりを見せたりしないよう注意しておく必要がある、ということだ。

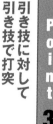

流れ

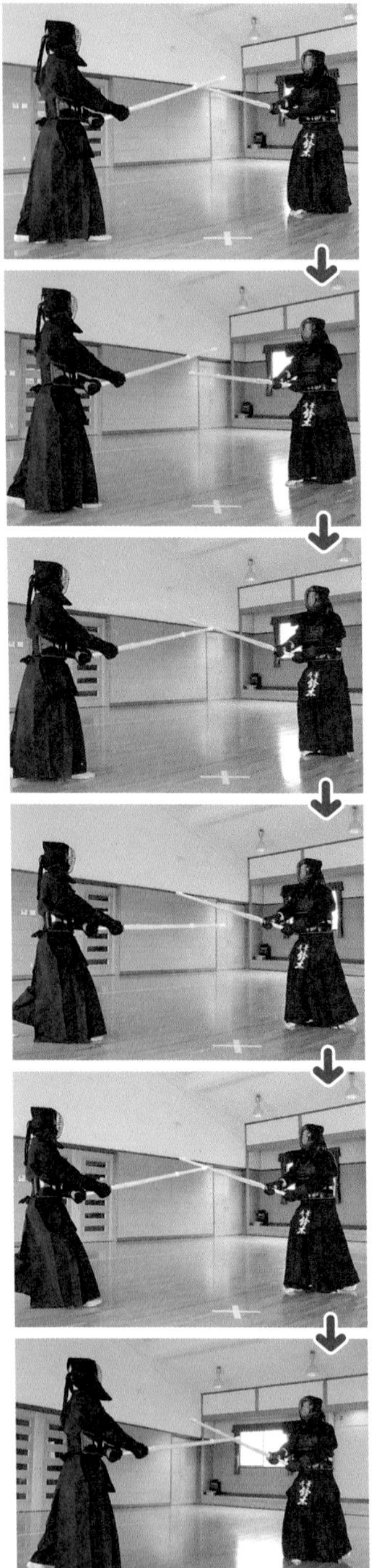

No.11
試合の進め方（序盤）

序盤で一本先取しても相手が焦りを見せないときは、最初よりも強い攻めを行う

試合が始まり、序盤で一本を先取することができた場合、その後の試合の進め方をどう考えるのかによって、流れは大きく異なるものだ。守り切ろうとするのか、逃げ切ろうと考えるのか、さらに一本取りに行こうと考えるのか。

剣道の試合では、精神的な動きが結果を左右することが大きいため、特に相手が焦りなどの動揺を見せていないときは、こちらが消極的な姿勢を見せると、隙を与えてしまうことになるので、**半歩前に出るくらいの強い気持ちで、より強い攻めを行う**ことが大切だ。

Point 1 逃げない守らない迷わない

心の動きは結果を左右しかねない。序盤で一本先取しても、守ろうとしたり逃げようとする消極的な姿勢では、相手に攻め込まれるだけだ。また、守るのか攻めるのかを迷っていては、相手に隙を与えるだけなので、先取していないくらいの気持ちで攻めの姿勢を見せる必要がある。

Point 2 半歩前に出て圧迫感を与える

攻めると決めたら、それまでよりも半歩前に出て、相手にさらに圧迫感を与えよう。焦りを見せていないとは言っても、もう一本取りにいく姿勢を見せることで、前に出られる圧迫感と、取りに来られるという精神的な圧迫感の二つを同時に与えることができ、相手を動揺させられる。

Point 3 強い気持ちを意識させ一本目の技を警戒させる

Point2では、半歩前に出て圧迫感を与えると解説したが、相手にこちらの強い気持ち、攻めの姿勢を見せることで、一本目に取られた技を警戒させることにもつながるのだ。これができると、その心の動きを利用して、試合をより優位に進めることができるようになる。

指南 プラス+1

雑な攻め大きい攻めは禁物

序盤に一本を先取してしまうと、とかく気持ちが大きくなり、攻めが雑になってみたり、大きい攻めになりがちだが、これでは相手に隙を与えるだけだ。相手が焦りを見せていなければ、なおのこと。強い相手は平常心で一本を狙ってくるので、隙は必ず突かれる。強い気持ちと強い攻めは必要だが、それと雑な攻め、大きい攻めとはまったく別物であると心得ておこう。強い攻めを見せつつも、まだ一本取っていないくらいの気持ちで、急がず慌てず試合に臨むことが必要だ。

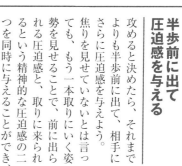

流れ

No.12

試合の進め方（序盤）

序盤で一本先取したら、取った技の裏をかくと効果的

No.11（P30）では、序盤に一本先取した場合の試合の進め方について解説した。ここではもう一歩踏み込んで、その後、どのように攻めていけばより効果的なのかを解説していこう。

まず、自分が一本先取された場合の心理状態を考えてみよう。誰もが同じ技でもう一本取られたくないと思うはずだ。つまり、一本を取りに行く姿勢は変わらないが、**同じ場所を打たれることは必要以上に警戒する**、ということだ。この心理状態を利用すれば、試合を優位に進められる。

Point 1

相手の心理状態を利用する

強い攻めを
行う

序盤で一本先取したとき、その後も強い攻めが必要であることは№11（P30）で解説した。引き続き強い攻めを行うことで、相手には『自信を持たれた』『すぐに打たれたくない』『同じ技で負けたくない』といった心理状態を作り出させ、圧迫感を与えることができるからだ。

Point 2

小さい動きで強く攻める

小さい攻めで
いい

攻めるときは、№11（P30）のアドバイスでも触れたように、雑になったり大きな動きになってはいけない。Point1でも解説したとおり、相手は圧迫感を感じているため、強い気持ちで攻めれば、遠い間合いや小さい動きでも十分反応する。大きな動きは隙を与えるだけだ。

Point 3

相手の避け方を見て技の選択を変える

相手の避け方で
技を変える

相手がPoint1の心理状態にあると、こちらの攻めに対して、同じ技を過剰に意識する。そうなると相手はこちらの攻めを避けようとする。その動きを見て、最短距離で一本を狙ったり、最初に取った技を見せて変化するなど、技の選択を変えると、効果的な攻撃となる。

指南 プラス+1

強い気持ちと小さい動きで相手を大きく動かす

剣道では、基本的に言えることだが、一本先取したような場合は特に、雑な攻めや大きく動くことがないように注意することが大切だ。これを行ってしまうと、一本を取るどころか、相手に隙を与えてしまい、危険なだけだ。そこで、強い気持ちで、かつ小さい動きで相手を大きく動かすことが最大のポイントとなる。これを行っておかないと、相手には『守りに入った』と思われてしまうため、圧迫感を与えることができず、小さな動きでは相手を大きく動かすことができなくなってしまう。

流れ

No.13
試合の進め方（序盤）

応じ技、出ばな技で取った技には過敏に反応し、その後、手が出なくなる

序盤で一本を取ったときに限らないが、**応じ技あるいは出ばな技でこちらが一本を取ると、相手はその技に対し、過敏に反応するよ**うになる。これは、自分が打突した技に対し、「通用しない」「また応じられてしまうのでは」などの不安から、取られた技に対し自信が持てなくなるためだ。

　そこで、相手は最初に取られたときに選択した技の裏の技を選択するようになることが多いので、それに応じながら、相手が迷っている隙を逃さず攻め込めば、一本を取れる可能性が高くなる。

Point 1 応じ技を打たれ自信がなくなる

相手が打突してきたとき、それに応じられ逆に打突されてしまうと、相手はその技に対し自信が持てなくなる。たとえば写真のように、面に来たところを応じて胴を打突されると、「次も同じように応じられるかもしれない」という不安から、その後、面に来れなくなるものだ。

Point 2 裏の技に応じる

相手の技に応じて一本を取ると、Point1のような心理状態になるため、応じられた技の裏の技を選択するようになる。たとえば、面に応じられたら小手を狙いにくる。その心理を理解した上で、裏の技に応じながら試合を進めていけば、相手をさらに迷わすことができる。

Point 3 迷いが生じたら攻め時と考える

Point2のように試合を進めていくと、相手はどのように攻めればいいのか考え直さなければならず、それが迷いを生むことにつながる。そのため一本目には対処できても次の技を避けるだけの精神的余裕がないので、二段技、三段技で攻めると、一本を取ることができるようになる。

指南 プラス+1

返された場合の考え方

ここでは、相手の技に応じて一本取った場合の相手の心理状態を解説したが、逆にこちらが応じられて一本取られてしまうこともある。そのようなときは、自信を失うのではなく、単に攻め方がよくなかっただけだと前向きに考えることが重要だ。また、こちらの狙った技が相手の弱点ではなかった可能性もあるので、あらためて攻め直しながら、気持ちを切り替えて相手の弱点を探ろう。迷いや不安は隙につながるだけで、決して勝利には結びつかないと心得ておかなければいけない。

流れ

No.14
試合の進め方（中盤以降）

中盤以降で一本先取したら、間合いを遠間にして小さく攻める

No.11（P30）とNo.12（P32）では、序盤に一本先取した場合の試合の進め方について解説した。ここではこちらが一本先取している場合の、中盤以降の試合の進め方について解説していこう。

序盤では、相手はそれほど焦りを見せないものだが、**中盤以降になると**、**残り時間が気になり焦りを見せてくる**ものだ。

つまり、打ちたくて仕方ない、という心理状態になる。この心理状態の変化を理解し、的確に対処することで、さらに一本を取ることができるようになる。

Point 1 気持ちの変化を理解する

序盤は強い気持ちで半歩前に出る強い攻めが必要だが、試合が中盤に差し掛かっても同じように試合を進めてはいけない。相手は焦り打ちたくて仕方ない、と言った心理状態に変化するからだ。半歩前に出てこちらから間合いを詰めてしまうと、打たれる危険性がある。

Point 2 竹刀の先が触れる程度で小さく攻めておく

中盤以降は、竹刀の先が触れ合う程度の間合いで、小さく攻めることが重要になる。相手は焦っているため、小さく攻めただけでも反応し、技を出そうとするが、間合いが遠い分、当てられる可能性が低くなる。また距離がある分、こちらも対応しやすくなるというメリットも生まれる。

Point 3 応じ技、返し技で応じる

心の焦りは、無駄打ちや不用意な打突、不十分な技を出させるものだ。相手は時間がなくなってくると、これらが多くなるため、こちらから技を出すのではなく、しっかりと対応し、応じ技や返し技を狙うようにしよう。相手は不十分であるため、一本が取りやすくなる。

指南プラス+1

小さく攻める具体的な方法

Point2で解説した『小さく攻める』を具体的に解説すると、たとえば竹刀の払いであれば、大きく払うのではなく、当てる程度でも効果がある。手元を少し動かしただけでも、相手はその動きに反応する。また、遠間にしていても、右足だけを前に半歩踏み出すことで、相手には間合いを詰めたと錯覚させることができる。相手が技を出してきても、右足を引いただけで遠間に戻ることができ、相手にとっては不十分となるばかりでなく、左足が生きていれば、そのまま攻撃に移れる。

流れ

No.15
試合の進め方（中盤以降）

遠間で相手が打ちにくると、動きが雑になり呼吸が乱れるため隙ができる

No.14（P36）では、こちらが先に一本先取している場合の中盤以降の試合の進め方を解説した。

ここでは、相手の焦りを利用し、試合でもう一本取るには、どのような戦い方をすればいいか説明していこう。相手の焦りは不十分な体勢と気勢になるので、一本を取るような打突を行うのが難しく、無駄打ちになり、打った後も隙ができやすい。従って、**こちらから攻めるのではなく、相手に打たせておいて応じたり、抜いたりすることが効果的と言える**。また呼吸を整えた瞬間を狙うのもいい。

Point 1 距離があるため応じ技が打ちやすい

No.14（P36）では、剣先が触れる程度の遠間にしておくと解説した。このように遠間にしておくことで、相手との距離ができるため、先に打つよりも応じ技で攻めた方が一本を取りやすくなる。相手は確実に飛び込んで来るので、それを利用して一本を取るようにしよう。

Point 2 相手の技を抜いて打突する

相手との距離ができるということは、相手の技が抜きやすくなるということでもある。相手は焦っているため、不十分で、かつ距離があっても、打突しに来ざるを得ない。そこで、相手に空を切らせておいて有効打突を狙う、というのもひとつの方法として考えておくといい。

Point 3 呼吸を整えようとした瞬間を狙う

相手の焦りは無駄打ちを誘うが、それでも決まらないため、必要以上に体力を消耗する。そのため、鍔迫り合いになったときなど、相手は呼吸を整えたくなるものだ。人間は息を吸う瞬間というのは動きが取れないので、その瞬間を狙って引き技を出すのも効果的だ。

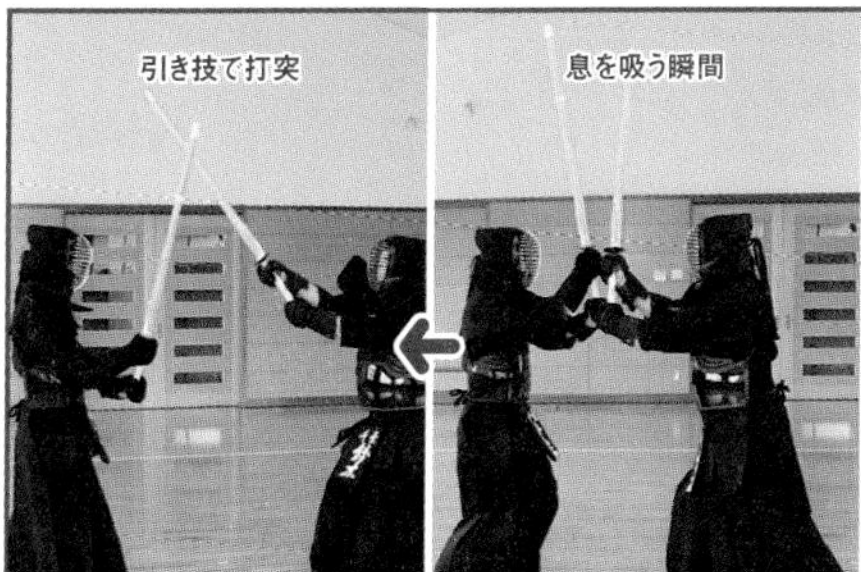

指南 プラス+1

受けに入らずあくまで攻める

一本を先取した状態で試合が進むと、残り時間が少なくなるに連れ、こちらも『このまま終わりたい』という心境になりがちだ。しかし剣道では、受けに入ってしまうと相手の攻撃まで受けてしまうため、危険が伴う。

そこで、試合が終わるまで攻めておくことが重要だ。技を出す出さないに関わらず、精神的に攻めておこう。攻めておくことで、相手の呼吸もわかるようになる。また、打たれるのではなく、打たせることができるため、自分のペースで抜いたり応じられるようになる。

流れ

No.16
試合の進め方（中盤以降）

終盤で勝っていても、そのまま逃げ切ろうとせず、相手の隙を見つける努力をしておく

No.14（P36）では、こちらが先に一本先取している場合の中盤以降の具体的な戦い方について解説した。距離を取り、相手に有効打突を打たせないまま、いよいよ終盤まで進んでくると、**『逃げ切れる』と思ってしまいがちだが、この考え方は非常に危険**と言える。相手は取り返すことしか考えていないため、それまで出さなかった無謀とも言える技を出してきたり、違った動きを出してくることがあるからだ。受けに回ってしまうと、その動きに虚を突かれ一本取られてしまう可能性もある。

Point 1 それまで見せなかった技と動きに注意

いよいよ終盤に差し掛かると、相手は一本を取り返すことしか考えなくなる。取れなければ負けるからだ。そのため、無謀とも捨て身とも思えるような、飛び込み技や片手技、担ぎ技などを出してくる可能性が非常に高くなるので、そのことを念頭に置き、注意しておこう。

Point 2 受けに回ると防戦一方になる

残り時間が少ないからといって、逃げ切ろうと思うと、防御だけになってしまう。相手は攻めることしか考えていないため、これでは防戦一方だ。このような状態になってしまうと、Point1で解説したような技も受けてしまうことになり、非常に危険な状態といえる。

Point 3 いつでも打てる準備をしておく

Point2で解説したとおり、受けてしまうと危険なので、必ず攻めておこう。相手は不十分な体勢でも打ってくるので、必ず隙がある。その隙を突けるよう、いつでも打てる準備をしておこう。状態と気持ちを維持しておくことが重要だ。決して引かず、距離を保っておいてもいい。

指南 プラス+1

隙を突いて打突しておく

Point3で、いつでも打てる準備をしておくと解説したが、実際に準備だけではなく、打突することも重要だ。相手は不十分な体勢でも打ってくるので、必ずそこに隙ができる。その隙を突いて打突しておくと、有効打突とならなくても、相手に恐怖心を与えることとなり、打ちにくくさせる効果もあるからだ。また、打突するときは、形だけで当てに行くのではなく、体を出してしっかり竹刀を振ることが重要だ。手打ちでは一本が取れないし、相手に恐怖心を与えることもできない。

流れ

No.17
試合の進め方
（序盤）

序盤で一本を先取されても、慌てずに相手の隙を見つけよう

これまでは、こちらが一本先取している場合の試合の進め方を解説してきた。しかし、先に一本取られることもある。ここからは、その場合の試合の進め方、考え方を解説していこう。

　序盤で一本先取されてしまった。誰でも経験があるのではないだろうか。しかし**焦りは禁物。まずは心を落ち着かせることを考えよう。**そして試合開始直後と同じ気持ちで、あらためて試合を組み立て直すことが重要となる。相手の気持ちを逆手に取って対応することを考えるのもいい。

Point 1 気持ちと試合を組み立て直す

深呼吸し心を整える

開始早々に一本を取られてしまうと、弱気な気持ちや焦り、過剰な警戒心などが心を支配してしまうものだ。しかし、これではいけない。開始直後と同じ気持ちになれるよう、深呼吸して心を整え、気持ちの立て直しと、試合の組み立て直しを図るように努めて試合を進めよう。

Point 2 相手の気持ちを逆手に取る

No.11（P30）、12（P32）では、こちらが一本先取したときの試合の進め方、考え方を解説したが、逆の言い方をすれば、それが理解できていれば、相手の気持ちを逆手に取った技や対応を考えることもできるはずだ。そう考えることで、プレッシャーを逆にプラスに変えられる。

Point 3 慌てない 無理に打たない

慌てた無理な打突は禁物

最悪なのは、慌ててしまい、無理に間合いに入ってみたり、遠間から打突してしまうことだ。慌てず落ち着いて相手の隙を見つけよう。また、同じ技で取られたくないからといって、防御に入ってしまうと、相手の術中にはまってしまう。意識しすぎないことも重要だ。

指南 プラス+1

相手主導× 自分主導○

No.11、12で、こちらが先取した場合を解説しているが、逆の立場になった場合、相手の選手はNo.11、12のようなことを考えていると言える。当然、一本を先取した選手の方が有利なのは、紛れもない事実だ。しかし、だからと言って、まだ負けたわけではないし、相手主導で試合が進むと、より不利な状況を生んでしまうだけだ。そこで、No.11、12で解説したような相手の動きに動じず、こちらが主導で試合を進めることができれば、相手には迷いを生じさせることができる。

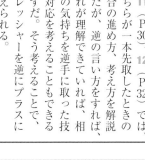

流れ

No.18
試合の進め方（終盤）

終盤で相手が一本先取している場合、突きを打つつもりで攻めて相手の左手を動かそう

相手が一本を先取したまま終盤に差し掛かると、相手はそのまま逃げ切ろうとする心理が働くことが多い。この心理が強いほど、こちらの攻めに対し、敏感に反応しようとするものだ。そこで、**終盤で一本先取されている場合は、突きを打つつもりで相手の中心を攻めてみよう。**相手はそれを嫌がり、左手を上げて防御の体勢に入るか、またはこちらの竹刀を押さえにこようとするはずだ。相手のその左手の動きを利用して、打突しにいけば、効果的な技となり、一本を取ることができるようになる。

Point 1
左手が上がったら小手を攻める

相手の中心を攻めたとき、相手が左手を上げて防御しようとしたら、小手を攻めるのが効果的といえる。また、左手が上がることで逆胴も警戒させることができるため、相手にとっては中途半端な心理状態となり、隙を生むことにもつながり、一本を取るチャンスが広がる。

Point 2
左手が大きく上がったら突きか逆胴が効果的

左手を大きく上げて三所避けのような形になった場合は、最短距離で狙える突きを打突しにいくか、大きく空いた逆胴を狙うのも効果的だ。ただし、避けながら前に出て間合いを詰めてくるような場合は、突くことができないので、間合いを詰めにこない場合のみ突こう。

Point 3
竹刀を押さえにきたら裏から攻めよう

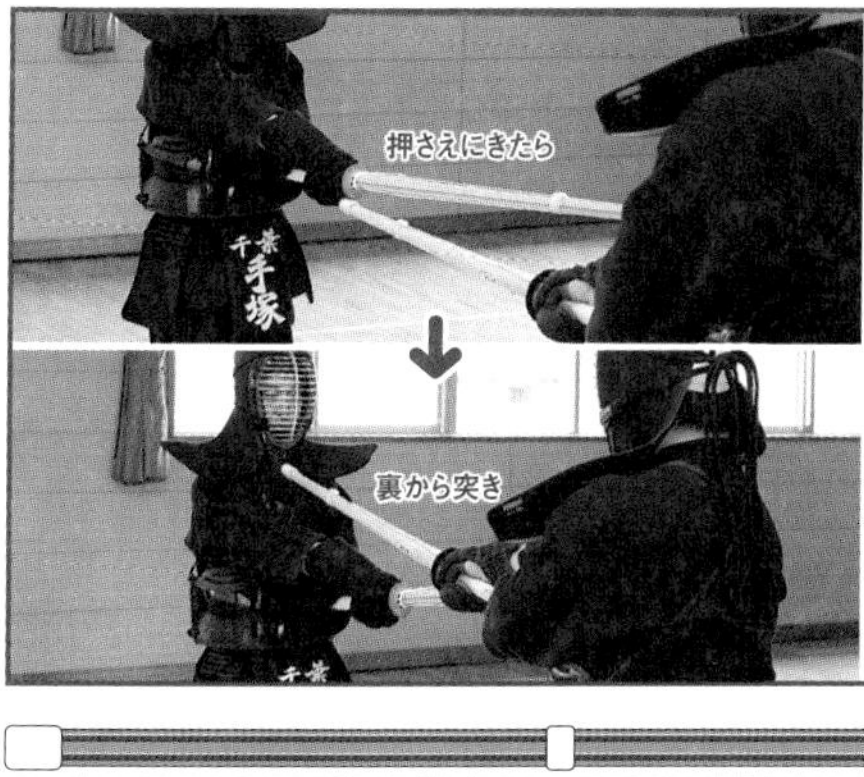

Point1、2とは逆に、右手を被せて竹刀を押さえにくる場合は、剣先を回して裏から攻撃すると効果的だ。ただし、このような場合、相手の右手は正面に伸びていることが多いので、小手は打突しにくい。そのため、小手ではなく、裏からの面や突きを狙うと一本になりやすい。

指南 プラス+1
中心を攻めるメリット

終盤になって中心を攻めることが効果的な理由は、たとえば小手を狙おうとして下を攻めた場合、相手は小手を警戒すればいいので、比較的逃げやすいし、考える必要もあまりない。しかし、すべてが狙える攻めを行うと、相手はとっさに動く必要性を感じ、こちらの最小限の動きで相手を大きく動かすことができるからだ。また中心であれば、どの部位でも最短距離で打突することができる位置に竹刀を置くことができると同時に、相手がどこを避ければいいのか迷わせることができる。

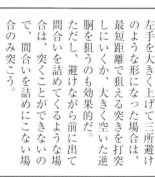

流れ

No.19
試合の進め方（終盤）

終盤で相手が一本取っていると、相手は逃げようとするので、距離の詰められる技が有効

No.14（P36）、15（P38）では、こちらが先に先取した場合、遠間で試合を進めることを解説した。こちらが先に取られた場合、相手は当然、遠間で試合を進めることになり、それが終盤になるほど、距離が遠くなっていくものだ。

これでは、通常の攻めでは相手に届かない。**相手が距離を取り、逃げようとしているのであれば、距離の詰められる技が効果的**であることは言うまでもない。終盤であれば、一本取れなければ負けてしまうので、取られることを恐れず捨て身技も駆使しよう。

Point 1 担ぎ技で距離を出す

五分五分の試合展開の中では、それほど多く用いられることはないが、このような状態であれば、担ぎ技も効果を発揮するものだ。中でも担ぎ面であれば、2歩で入るため距離が出て、間合いに入りやすい。相手が捌いた瞬間に打突すれば有効打突につながりやすい。

Point 2 片手技で距離を出す

担ぎ面同様、距離を出すという意味においては、片手技も効果的といえる。片手面であれば右、左と、やはり2歩で入るため、距離が出て間合いに入りやすい。この場合も相手が捌いた瞬間に打突すれば、担ぎ技同様、有効打突となりやすく、効果的な技といえる。

Point 3 片手突きで意表を突く

突きは打突部位の中でもいちばん面積が小さいため、有効打突につなげるのが難しいとされる。まして片手となればなおさらだが、試合が終盤に差し掛かり、一本取りたいとなれば、一歩で距離が取れる片手突きも有効な技となる。相手が下がろうとした瞬間を狙うのが効果的だ。

指南プラス+1

打たれることを恐れず思いきり打とう

試合が終盤に差し掛かり、負けている状況では、一本が取れなければ、相手に打たれなかったとしても、試合に負けてしまうわけなので、相手に打たれることを恐れていてはいけない。相手との距離が遠ければ、距離の出せる技が必須となり、それは通常の技ではなく、捨て身技となるからだ。そのため、中途半端な気持ちや中途半端な打突にならないよう心がけ、思い切りよく打ちにいこう。ただし、このような場合であっても、攻めがあっての技であることを忘れてはいけない。

流れ

No.20
試合の進め方
（終盤）

終盤で相手が一本取っている場合で、相手が前に出てくるときは、逆胴が有効

相手が一本を先取していて、試合が終盤に差し掛かると、相手はそのまま逃げ切ろうとする心理が働くことが多くなるものだ。そうなると、相手から距離を詰めてきて、鍔迫り合いに持ち込もうと体を寄せてくることがある。

このような状況のとき、**相手は体を寄せてくる際に、左手を上げて鍔元を上げる。この瞬間を狙い、体を寄せられてしまう前に逆胴を打突すると、**効果的な技となる。一回で決められなくても、相手がむやみに体を寄せてこなくなるため、その後の技が出しやすくなる。

Point 1
左手を上げて体を寄せてきたときに有効

この技は、単に間合いが詰まったときに出しても効果を発揮しないと心得ておこう。あくまでも、相手が鍔迫り合いに持ち込もうとして、左手を上げて体を寄せてきたときにこそ、効果を発揮する技であることを忘れないようにしてほしい。左胴が開いてはじめて、一本となる技だからだ。

Point 2
寄せられてしまう前に打つ

体を寄せられ、鍔迫り合いになってしまったのでは、逆胴を打つことはできない。この技は体を寄せられてしまう前の一瞬に出してこそ効果を発揮するものだからだ。その一瞬を逃さないよう、集中して試合に臨んでおき、仮に一本とならなくても、打突することが重要だ。

Point 3
打突後は相手の右を抜ける

相手との間合いや、試合場での位置にもよるが、基本的に、打突後は体捌きで相手の右を抜けていくことが望ましい。なぜなら、右に抜けていくことで、後打ちされる危険性を少なくすることができるからだ。その後はすぐに中段の構えに戻ることを忘れず、次の打突や相手の攻めに備えよう。

指南 プラス+1
体捌きの練習をしておこう

Point3で、体捌きで相手の右を抜けていくことが望ましいと解説したが、相手との間合いやその時の状況などによっては、前に抜けたり横に捌いたり、あるいは左後方に捌く必要性も出てくる。

そのため、普段の練習の中で、意識的に様々な体捌きを練習しておき、どのような動きでもスムーズに行えるようにしておくことが望ましい。特に苦手と思われる体捌き、足捌きがあるなら、試合の中で自然と行えるようになるくらい、自分のものにしておくと、試合を優位に進められる。

流れ

No.21
試合の進め方（終盤）

どちらも一本を取っていないときは、無理な技を使わず相手を動かして考えさせよう

どちらも一本を取ることができず時間だけが経過して、残り時間がわずかになる場合がある。団体戦などの場合を除き、個人戦では、引き分けはなく、決着がつかない場合は延長となるので、時間が少ないからといって焦ったり、無理に一本を取りにいったりしないよう注意しておこう。

このような場合は、むしろじっくり時間をかけて一本を取るくらいの気持ちで、**あらためて相手の弱い部分をしっかり見つけるため、上下・左右・裏表を攻め直してみ**ることを心がけたい。

Point 1 不十分な気持ちで打突しない

現行のルールでは、個人戦であれば引き分けはない。勝負が決するまで延長するので、焦りは禁物だ。残り時間が少ないからといって、焦ってこちらが不十分な気持ちのまま打突しにいってしまうと、逆に相手に隙を見せるだけとなり、終了間際で一本取られることもある。

Point 2 相手の弱い部分をしっかり見つける

試合の序盤でも行った、上下・左右・裏表を、あらためて攻め直してみよう。相手がどこで反応するのか、どの部位がより反応が大きいのか、またどのように反応するのかを探り、相手の弱い部分を見つけようとすることにより、攻撃の糸口を見つることができるようになる。

Point 3 大きく間合いに入りすぎない

焦りは大きな動き、雑な動きを生んでしまう。一本取りたいという気持ちが強すぎると、つい大きく間合いに入ってしまいがちなので、意識的に大きく間合いに入りすぎないよう注意しておこう。不十分な状態で間合いに入ってしまうと、相手に打たれ、一本を取られるだけだ。

指南プラス+1 相手の得意技は裏を返すと弱点

終盤までお互い一本が取れずに試合が進むと、ある程度、相手の癖や得意技などが判断できるようになっているはずだ。そこで、ここでは、ひとつの考え方として、『相手の得意技の裏は弱点である』ということについて解説しておくことにする。理屈は簡単。たとえば面を得意としている選手がいたとする。面を打突しようとすると胴が空く。小手が得意で小手をよく打突しにくる選手は面が空く。同様に、胴を打てば面が空く。相手が得意としている技の裏は弱点になりうるのだ。

流れ

No.22

試合の進め方
（終盤）

どちらも一本を取っていなくても、焦らずに冷静さを失わず気持ちを切らせないことが大切

No.21（P50）では、どちらも一本を取ることができず時間だけが経過した場合の試合の考え方を解説した。ここでは、そのような状況での試合の進め方、特に全般的にこちらが攻め勝っている場合について解説していこう。

No.21で解説したとおり、焦りは禁物だ。個人戦であれば勝敗が決するまで延長される。**焦らず相手の弱い部分を見つけるよう努めよう。**その上で、相手に余裕を持って試合を考えられるような時間的余裕を与えないことが重要だ。攻め続けて圧迫感を与えよう。

Point 1 序盤と同じ気持ちで攻めを行う

こちらが攻め勝っているのに一本が奪えないとなると、どうしても時間の経過とともに焦りが生じてくる。しかし、ここで焦っては、それまでの攻めが台無しだ。むしろじっくり構えて冷静になり、序盤と同様の気持ちで攻め、相手の弱い部分を探すことに努めよう。

Point 2 冷静さを失わず大技は厳禁

焦らない気持ちと同様、一本が取れないからといって冷静さを失ってはいけない。冷静さを失ってしまうと、気持ちが切れて大技に頼ってしまいがちだ。これではせっかく攻め勝っていても、相手に隙を見せるだけだ。集中力と気持ちを切らさず試合を進めることが重要となる。

Point 3 余裕を持って考える時間を持たせない

攻め勝っているときに時間が残りわずかだからといって、延長を意識して攻めるのを止めてはいけない。これでは、相手に余裕を持って考える時間を与えてしまうことになる。攻め続けることで、相手は防戦一方となり、打つことができなくなるのだと心得ておこう。

指南 プラス+1

延長に持ち込みたい相手は逃げる

どちらも一本が取れず時間が残りわずかになると、攻め負けている相手は、なんとか延長に持ち込みたいという心理になる可能性が大きい。一旦試合を止めて流れを断ち切り、仕切り直したいと考えるからだ。つまりNo.18（P44）、19（P46）20（P48）で解説した『終盤で一本を先取している相手』の状況に近いと言えるからだ。したがって、No.18（P44）～20（P48）で解説したような攻め方と技を利用して、逃げ切ろうとする相手を攻めていくのも効果的といえる。

流れ

No.23
試合の進め方
（終盤）

一本ずつを取っている場合、または惜しい技があった場合は、その技に対する反応が過剰になるため効果的

試合が終盤に差し掛かり、お互いが一本を取り合っている場合、あるいはどちらも一本を取っていない場合で旗が一本上がるなど惜しい技があった場合の試合の進め方について解説していこう。

No.12（P32）でも解説したが、**相手は一本取られた技、あるいは一本取られる危険を感じた技に対して、過剰な反応をするようにな**るものだ。そこで、このような状況のときに効果的な攻め方や技を具体的に解説してみよう。端的に言うなら、面なら小手、小手なら担ぎ面か突きが効果的だ。

Point 1

面に見せて小手を打突

面で一本を取っていたり、面に惜しい技があった場合、相手は面に過剰に反応するものだ。したがって、面に見せておいて手元を上げさせ小手に変化する、という技が効果的だと言える。相手が延長に持ち込みたい場合などは、ことさら過剰に反応するので、一本を取りやすい。

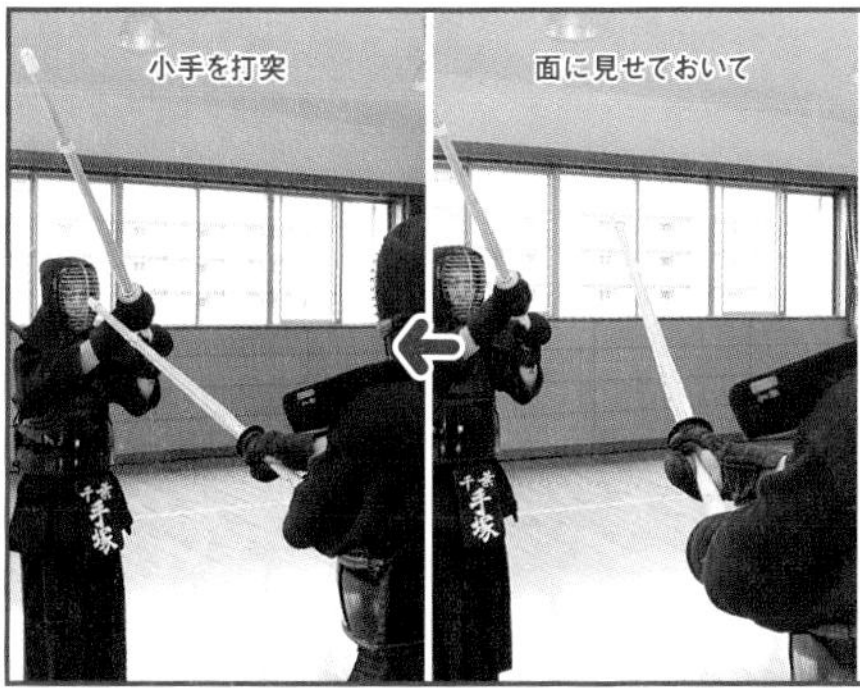
面に見せておいて
小手を打突

Point 2

小手に見せて担ぎ面で打突

先に小手で一本を取っているなら、相手は小手に過剰に反応するはずだ。

そこで、最短距離で面を打突しに行くのではなく、あえて担いでから面に行くことで、相手には小手に来ると思わせることができ、竹刀を右に動かせるので、より効果的な技となり一本が取りやすい。

小手に見せておいて
担ぎ面で打突

Point 3

小手に見せて突く

Point2でも触れたが、小手で一本取っている場合は、小手に行くと思わせることができると、小さな攻めでも相手は過剰に反応し、小手を隠そうとするものだ。

つまり中心が空くことになるので、そのまま最短距離で突きを打突しにいくのも効果的な一本となり得る。

小手を見せておいて
小手を隠したら突き

指南 プラス+1

攻めを執拗に行い過剰に反応させる

一本目が胴では難しいが、面か小手だった場合は、それと同じ部位を執拗に攻めるといい。この攻めがないと、相手の警戒心は試合の中で徐々に薄れていってしまい、過剰な反応を示さなくなってしまうが、執拗に攻めることで、相手には『また来るのか？』『同じ部位を打たれたくない』と強い警戒心を植え付けることができるからだ。この警戒心なくして過剰な反応は望めない。この警戒心が大きければ大きいほど、小さい動き、小さい攻めで、相手を大きく動かし隙を生むことができる。

転機となった試合

あきらめないことの重要性

鈴木氏が優勝した全日本剣道選手権での決勝戦前。それまで順当に勝ち上がり、残すところ決勝戦の一試合となったとき、予想以上の快進撃に鈴木氏の心の中には『ここまで来れたのだから、もう十分満足』という気持ちが支配していたという。付き人をしていた後輩は、鈴木氏のその心の変化を敏感に察知し、決勝戦までの間に『先輩、あきらめたらダメです。やるからには絶対に勝ちましょう』と言ったのだ。決勝戦は両者一本も奪えず、延長戦へと突入する。延長が始まり、相手が強豪であることを知っていた鈴木氏は、普通に攻めたのでは勝てないと思ったまた、相手の裏をかくらいでは、一本を取ることはできないほどの強豪であることも知っていた。

そこで、裏の裏をかくことを考え、まずは小手を狙っていると思わせることから始める。一本にならない距離と知っていて、あえて小手を執拗に狙い、相手に小手を意識させた。そして、相手が剣先を押さえにきたところで竹刀を担いだのだ。相手は案の定小手に来ると思い、小手を隠したところで、面を打突して一本。つまり、小手を警戒させて裏の技である面に素直に行くのではなく、裏の裏をついて、再度小手を狙っていると相手に思わせたのだ。

このときの試合を振り返り、鈴木氏は『試合の前にあきらめていたら、優勝どころか延長になる前に負けていたはずです』と言った。後輩のあの一言で負けたくない気持ちがよみがえり、延長戦まで気持ちを切らさず戦うことができたからこその、全日本剣道選手権制覇だった。

第二章

試合場の場所別 試合の作り方と 効果的な技

剣道では、中央や境界線を背にしている場合、相手が背にしている場合など、立ち位置によって、試合の進め方や技の選択が異なってくる。この章では、立ち位置別の効果的な技について解説する。

No.24

試合場での位置（相手が場外を背）

相手が場外を背にしていて間合いが詰まっている場合、相手が踵を床に着けていたら、空いた部位を最短距離で打突する

試合を進めていく中で、相手が場外を背にする瞬間というのが必ずあるはずだ。

このような状態のとき、こちらが攻め入っている場合など、相手が踵を床に着けていることがある。この瞬間、**相手との間合いが詰まっているなら、迷わず空いている部分を最短距離で打突し**にいこう。踵が床に着いていると、瞬間的に動くことができず、相手は防御しかできないからだ。

ここでは、相手の防御の仕方、つまり竹刀の状態別に、効果的な技を紹介していく。

流れ

Point 1 手元が下がっていたら面を最短距離で

場外を背にした状態で、踵が床に着き間合いが詰まっていると、後ろに下がれないという意識から、無意識に距離を取ろうとして、相手が手元を下げることがある。この状態のときは、相手に打たれる心配はまずないので、迷わず最短距離で面を打突しにいくといい。

Point 2 手元が上がっていたら小手を最短距離で

Point1とは逆で、相手の手元が上がっている場合というのもある。重心が後ろ足に乗っているため、瞬間的に危険を察知し面を警戒するからだ。このように手元が上がっていたら、迷わず最短距離で小手を打突しにいくと、効果的な技となる場合が多い。

Point 3 三所避けになっていたら逆胴を打突する

相手が危険を察知し、どうにか逃れようとして面・小手・胴のすべてを防御する、いわゆる三所避けになっていることもあるものだ。この場合、面や小手を狙うのではなく、三所避けに対する攻め方の基本である、逆胴を打突しにいくと、一本になりやすいことを覚えておこう。

指南 プラス+1

踵が着き間合いが詰まっていることが大前提

ここでは、最短距離で打突しにいくのが効果的であると解説したが、本文の中でも記載したとおり、このときの攻撃は、相手が踵を床に着けていて、かつ間合いが詰まっていることが大前提となる。踵が床に着いている瞬間は、相手は動くことができない。つまり攻撃は不可能であり、防御も足捌きではなく、竹刀でしか行えないからだ。また、踵が床に着いていて、間合いが遠ければ、打突までに時間がかかるため、打突するまでの間に、相手が体勢を整えてしまうので注意しておこう。

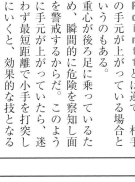

流れ

No.25
試合場での位置（相手が場外を背）

相手が場外を背にして踵を床に着けていても、間合いが遠い場合は二段技、または裏に返る技が効果的

No.24（P58）では、相手が場外を背にしたときで、踵を床に着け間合いが詰まっている場合の攻撃法を解説した。ここでは、同じ状況ながら、間合いが詰まっていない場合の攻め方について解説していくことにする。

No.24のアドバイスでも触れたが、間合いが詰まっていない場合は、相手が体勢を変える時間がある。このような場合は、最短距離ではなく、二段技が効果的だ。**最初の技に対応するのが精いっぱいで、次の技に対応できるほどの、時間的・精神的余裕がないからだ。**

Point 1 一本打ちでは避ける余裕が生じる

一本打ちでは
避けられる

間合いが詰まっていないということは、最短距離での打突に比べて、打突までに時間がかかるのは言うまでもない。これで仮に一本打ちを行ってしまうと、相手に避けられるだけの時間的・精神的余裕が生じてしまう。そのために、二段打ちで攻め入る必要があるのだ。

Point 2 一本打ちでは応じ技で打たれる

応じられる
危険がある

Point1でも触れたが、一本打ちでは相手に時間的・精神的余裕が生じてしまう。避けられるだけならまだしも、応じ技で来られると、逆に一本を取られてしまう危険性が高くなるだけだ。そのためにも、二段打ちで攻め入ることが重要になることを理解しておこう。

Point 3 場外に出てしまうリスクを軽減

Point1、2の理由から、相手との間合いが詰まっていない場合は、二段技を選択することで、より一本になりやすくすることができる。また、二段打ちを選択することで、相手に捌かれ、こちらが場外に出てしまうリスクを軽減させることができる、というメリットも生じる。

指南 プラス+1

時間的余裕を逆手に取る

相手との間合いが遠い場合は、その分、相手にも考える時間的余裕ができる。だからこそ『考えられる』ことを逆手に取り、攻撃することが重要となる。ただし、『考えられる余裕』とは言っても、長い時間を与えるわけではなく、あくまでも一つ目の攻撃、つまり一本打ちの攻撃に対して対応したり捌いたり、あるいは応じるための時間ができる、ということだ。一つ目に応じることができるからこそ、それを逆手に取り二段打ちすることで、より一本を取る可能性を高くできるのだ。

流れ

No.26
試合場での位置（相手が場外を背）

相手が場外を背にしているとき、出ばなを狙っていることがあるので、小さい攻めで相手を見て応じ技にすると有効

No.25までは、相手が場外を背にして、踵を床に着けている場合の攻撃を解説した。しかし、実際の試合では、踵を床に着けていない場合も多く、そうなると攻めの間合いの取り方が変わってくる。相手が打突しにくるときの距離が違ってくるからだ。ただし、どちらの状況にしても、**相手が場外を背にしている場合は、出ばなを狙っていることが多い**はずだ。そのため、不用意に打突にいこうとすると、逆に一本取られてしまう。そこで、それを逆手に取り、応じ技で狙えば、一本を取ることができる。

Point 1 間合いを少しずつ詰め 詰めすぎない

相手が場外を背にしても、焦って大きく入らないように注意しておこう。
大きく入ってしまうと出ばなを打たれる危険性が高くなるだけだ。徐々に間合いを詰めていき、相手に圧迫感を与えていくよう心がけておこう。
また、間合いを詰めすぎないよう注意しておく。

Point 2 相手の体勢と踵の状態を確認する

徐々に間合いを詰めながら、相手の踵が床に着いているか確認して見極めよう。
踵が着いていれば、相手が打突しにきても距離は出ないが、踵が着いていなければ、距離が出る場合があるので、それに応じて、さらに詰めるのか否か、間合いの取り方がおのずと変わってくる。

Point 3 相手との距離によって技の選択を変える

相手の出ばな技に応じるときは、前に出る技だけではなく、相手との距離によって、打突後、前に捌くのか、後ろに捌くのか、技の選択を変えるよう心がけておこう。
相手の寄せが早く、前に出る勢いがあるなら後ろに、寄せが遅いなら前に捌く技を選択するといい。

指南 プラス+1

踵が着いているかの見極め法

ひとつの目安として、相手の踵が着いているかどうかを判断するポイントを紹介しよう。

それは相手の面だ。通常の構え、つまり踵が床に着いていないときの面（面布団）の見え方を覚えておく。それよりも面布団の面積が狭く見えた場合は、相手の重心が後ろ足に乗っていると判断できる。つまり、踵が床に着いている瞬間であると見極めることができる。

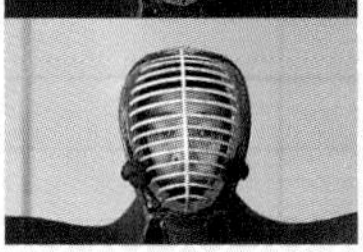

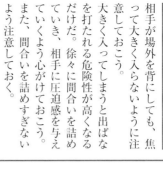

流れ

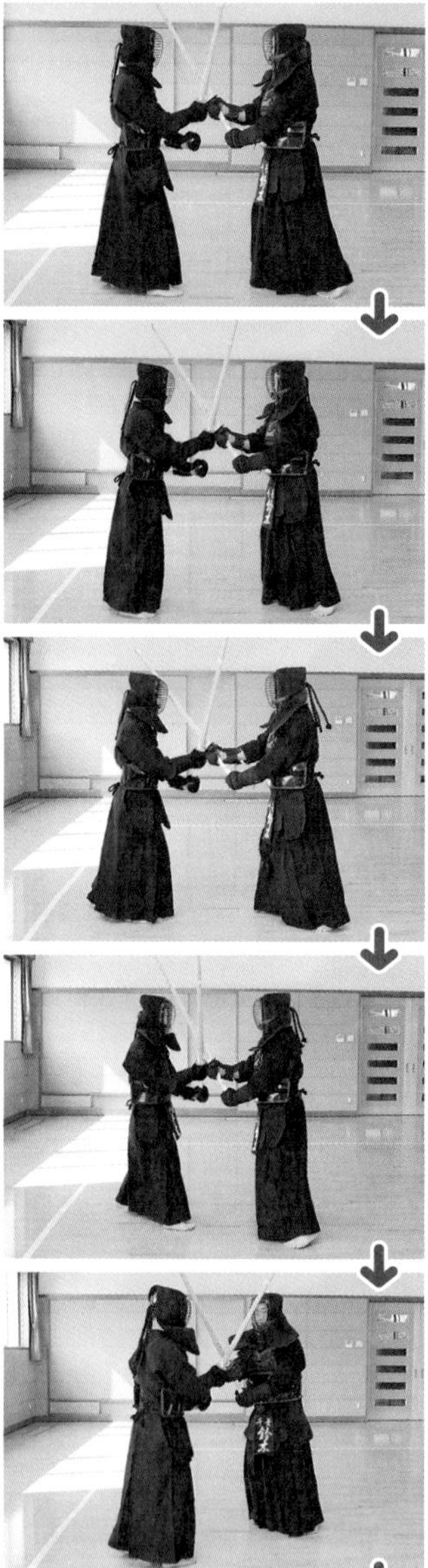

No.27

試合場での位置（相手が場外を背）

鍔迫り合いで相手が場外を背にしたときは、捨て身で引き技を狙ってくることがあるので注意が必要

試合で鍔迫り合いになることは多い。試合場の中央付近で行っているならともかく、相手が場外を背にするような状態で鍔迫り合いを行うと、相手に引き技はないと思い、気を緩めてしまう、ということはないだろうか。

　このような場合でも、試合展開などによっては、**相手が場外反則覚悟の捨て身で引き技を狙ってくる場合もある**ので、注意しておく必要がある。とにかく、どのような場合でも、常にこちらが主導権を握り、攻めておく気持ちを持っていることが重要だ。

Point 1

気を緩めず攻めの気持ちを持つ

中央付近はもちろんのこと、相手が場外を背にした状態であっても、鍔迫り合いは休む時間帯ではないので、気を緩めないように注意しておこう。あくまでも構え合っているとき同様、攻めの気持ちを切らさず、集中力を持続させておかなければ、それが隙となり、危険を招くことになる。

集中を切らさない

Point 2

鍔迫り合いは右手で相手の中心を取る

どのような場所であっても、鍔迫り合いのときは、相手に主導権を握らせてはいけない。右手で相手の中心を取るようにして攻めよう。剣先はこちらの後方を向くのではなく、必ず相手の方に向けておくようにして、いつでも打てる状態を保っておくことが重要となる。

相手の
中心を取る

Point 3

自分の呼吸を悟らせない

息を吸う瞬間というのは、瞬間的に力が入らず、動きも遅れる。鍔迫り合いになると、お互いの力が直接伝わるため、力が緩んだ瞬間が悟られやすくなるものだ。その瞬間を狙われないよう、呼吸を整えたり声を出したりして、息を吸う瞬間が悟られないよう注意しておこう。

呼吸を悟らせないよう
注意

指南 プラス+1

鍔迫り合いのときはむやみに声を出さない

Point3でも触れたが、人間は息を吸う瞬間というのは、瞬間的に動けないものだ。したがって、相手にそれを悟られてしまうと、そのタイミングに合わせて打たれる危険性が高くなるだけだ。鍔迫り合いでは、お互いの力が直接伝わることから、呼吸が悟られやすい状態になっていると言える。そのため、鍔迫り合いを行っているときは、むやみに声を出さないで、悟られないようにしよう。逆に、息を潜めて集中し、相手の呼吸を悟るくらいの気持ちでいることが望ましい。

流れ

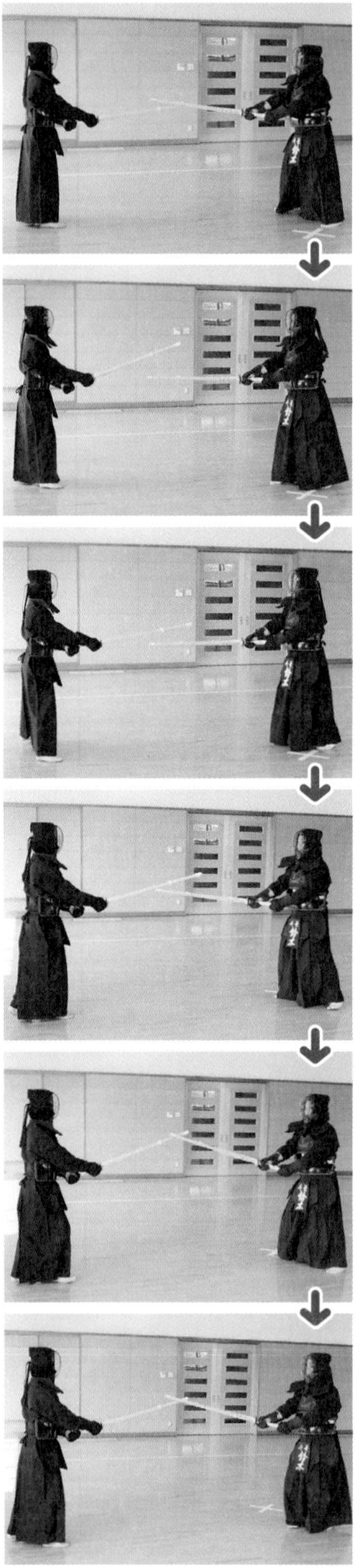

No.28
試合場での位置（相手が場外を背）

相手が円運動で逃げようとするときは、さらに攻めるために切り込みながら動き、常に場外に背を向けさせるようにする

試合中に相手が場外に背を向けている状態というのは、当然、こちらにとっては有利な状況と言える。有利な状況であるなら、それを続けた方が、より優位に試合を進めることができるのは言うまでもないことだ。

試合場の角であれば、間合いが近くなってしまうため回り込めないが、直線上であれば、円運動で逃げようとするものだ。こんなときは、**小刻みな足捌きで切り込みながら動いて、常に場外に背をむけさせることができれば**、優位な状態を保ち続けることができる。

Point 1
相手の位置によって場所取りを考える

図1のように、相手が試合場の角に位置している場合は、円運動で逃げることができないので、直線の動きで相手を追い込めばいい。しかし、図2のように、直線上に相手がいる場合は、円運動で逃げようとするため、斜めに切り込みながら相手を追い込む必要がある。

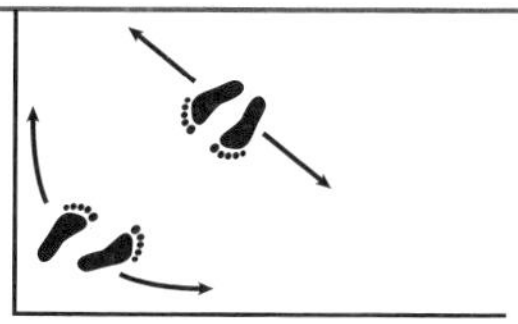
図1

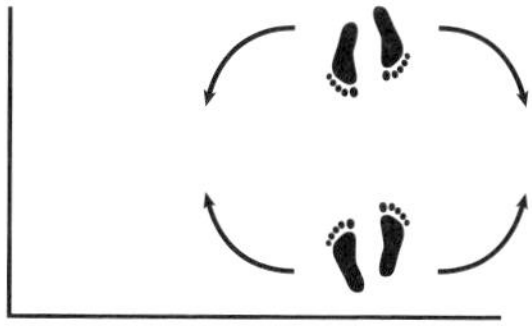
図2

Point 2
足捌きで斜めに切り込む

直線上で相手が円運動で逃げようとしたら、No.05（P18）で行ったように、左右への足捌きで斜めに切り込もう。このとき足は、大きく動かすのではなく、小さく素早く動かすことが重要だ。左足が浮いている間は、打突できないだけでなく、隙を作り与えてしまうからだ。

Point 3
竹刀捌きで相手を押さえる

Point2で行う足捌きと共に、竹刀捌きでも相手を押さえ込むといい。相手が捌く方向に竹刀を移動させ、圧迫感を与える。これにより相手の空いている部位が竹刀に近くなり、それを嫌えば相手は下がり、より場外が近づき、さらなる圧迫感を与えることができる。

指南 プラス+1
実践できれば圧迫感を与えられる

ここで解説した追い込み方は、かなり高度な技だが、Point1から3までが行えるようになり、かつ、それを試合で実践できるようになれば、境界線に追い込んだ相手を逃がさず、攻めとあいまって、さらなる圧迫感を与えることができるようになる。足捌きの練習はもちろん、この動きも意識的に練習して、自分のものにしておこう。

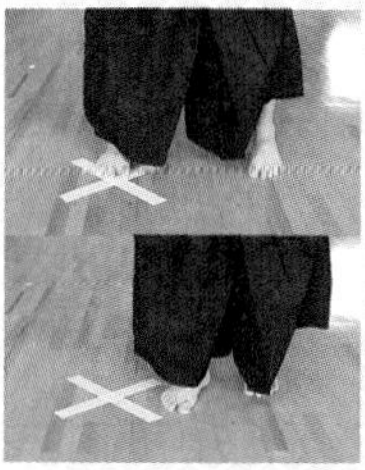

流れ

No.29
試合場での位置
(相手が場外を背)

場外を背にしている相手には、基本的に小手、突きを用いて攻め、自分が場外に出ないように注意する

相手が場外を背にしているとき、こちらが有利なのはこれまで解説してきたとおりだ。しかし、この場合、面を打突すると、逆にこちがら場外に出てしまう可能性があるのも事実なのだ。

そこで、このように、相手が場外を背にしている場合は、基本的には**小手や突きなど**、**打突後も相手の正面に位置していられる技を選択する**ことが望ましい。相手の横を抜けていかなくてすむからだ。もちろん、面や逆胴が効果的な場合もあるので、状況をしっかり把握して試合を進めよう。

Point 1 場外に出ずに決められる技を選択する

面は打突後、相手の横を抜けなければならない。相手の後方に距離がない場合、一本が取れなかったときには、こちらが場外に出てしまうおそれがあると心得ておこう。そこで、小手あるいは突きを用いれば、打突後も相手の正面にいることができるため、効果的な技と言える。

Point 2 攻め足りないと感じたらさらに攻める

相手が場外を背にしていても、攻めが不十分であると感じたら、安易に打ちにいかず、さらに攻めることも重要だ。それでもこちらが有利な状況に変わりないので、さらに攻めて、相手の隙や空きを作り出して、確実に一本が取れるような状況にしてから打突することが望ましい。

Point 3 相手が踵を着けていたら面や逆胴も効果的

相手の左足の踵が床に着いていた場合や、さらなる攻めで床に着けさせた場合などは、面や逆胴も効果的と言える。なぜなら、相手は体を捌くことができないからだ。そのときは、面を打突後、体を相手にぶつけていき、こちらが場外に出るリスクを減らしてしまえばいい。

指南 プラス+1

前かがりでも体が捌けない

Point3で、相手の左足の踵が床に着いていると体を捌けないと解説した。仮に左足の踵が床に着いていなかったとしても、これと同様に体が捌けない体勢というのがある。それは、前かがりだ。つまり、前傾姿勢になっている場合。剣道では極端な前傾姿勢はあり得ないが、それでもバランスを崩していたり、後方に距離がない場合など、前かがりになることがある。相手がこのような体勢になった瞬間は、体捌きができないので、ここで紹介したような攻撃を行うと効果的と言える。

流れ

場外を背にした相手との間合いがあるとき、相手が中央に戻ろうとする場合は、隙が多くなるので攻め時と考えよう

場外を背にした相手というのは、その状況を打開させようとして、中央に戻ろうとするものだ。そのため、攻めが効いていない状態で打突してきたり、鍔迫り合いに持ち込み、体捌きを用いて体を入れ替えようとしたり、あるいは大きな足捌きで間合いを詰めようとしたりすることが多い。

このような状況のときは、**相手に隙があることが多いため、攻め時と考え、一本を取りに行く**といい。それぞれの状況に応じて対処の仕方を解説しておくので、効果的な打突につなげよう。

Point 1
打突してくる相手には応じ技、返し技が有効

中央に戻りたい心理から、相手が不用意に打突してくることがあるので注意しよう。もちろん一本を取るための打突なのだが、攻めが効いていない状態なので、効果的な技とはなりにくい。このようなときは、応じ技や返し技で対処すると、効果的な一本となることが多い。

Point 2
鍔迫り合い直後は気持ちが切れやすい

場外を背にしていた相手が、鍔迫り合いに持ち込めると、持ち込んだ瞬間、安心して瞬間的に気持ちが切れることがあるものだ。このような心理状態になると、相手は瞬間的に力が抜けることが多いので、その瞬間を逃さず、引き技で打突すれば、効果的な一本となりやすい。

Point 3
大きな足捌きで間合いを詰めてきたら出ばなで

相手が早く中央に戻ろうとして、大きな足捌きで間合いを詰めてくるような場合は、出ばな技が効果的だ。大きな足捌きは、左足が動いている時間が長くなることから、それだけ隙が多くなる。そのため、相手が打突にくる前に出ばな技で打突すれば一本となりやすい。

指南 プラス+1
打突に適した間合いとは

どちらが間合いを詰める場合でも同じだが、素早く間合いが詰まるような状況のとき、通常の打突と同様の打突では、タイミングが遅れる。速度が上がれば上がるほど、始動を早くしなければ、間合いが近くなりすぎたり、あるいは相手に先に来られてしまい、打突のタイミングを逸してしまうことになる。早くなればなるほど、打突のタイミングは一瞬になる。常に左足を打てる状態に保つよう心がけるとともに、打突に適した間合い（タイミング）を練習で覚えるよう心がけておこう。

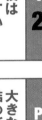

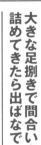

流れ

No.31
試合場での位置
（こちらが場外を背）

場外を背にしたときは、円の動きを使って中央に戻ろう

これまでは相手が場外を背にしている場合の技術を解説してきたが、当然、試合の中では、こちらが場外を背にしてしまう場面というのもあるはずだ。そこで、ここからはこちらが場外を背にした場合の対処法を解説していこう。

No.28（P66）では、相手の円運動を阻止しながら追い込む方法を解説したが、同様に**円運動で中央に戻るのが最も効果的**と言える。ただし、ただ円運動したのでは相手に追い込まれかねない。そこで、足捌きと竹刀捌きを用いて、相手の中心を取りながら行うといい。

Point 1 円運動で境界線から遠ざかっていく

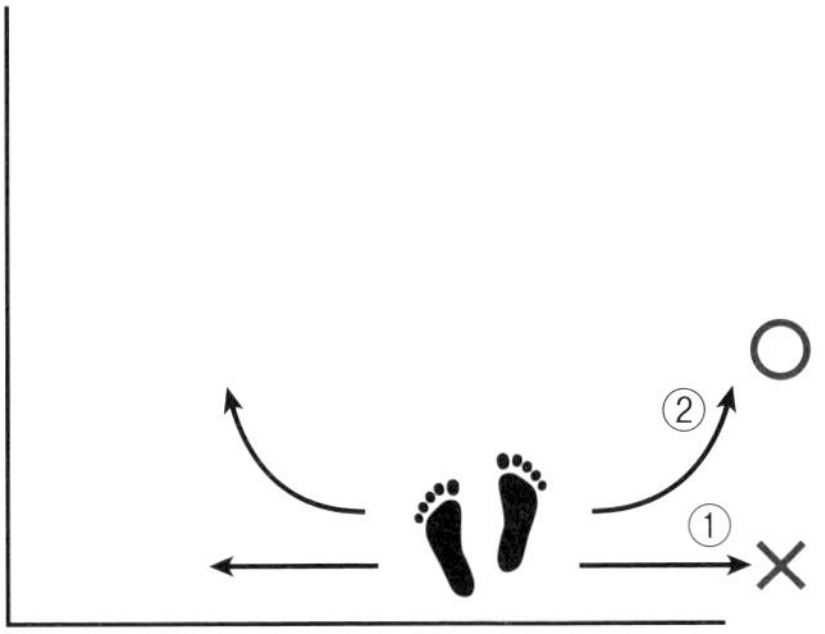

まず基本的な動き方としては、図中の①のように、直線的な動きではなく、②のような円運動を行うことで、境界線から遠ざかっていくことができると知っておこう。この動き方を知らずに直線的に動いてしまうのと、知って円運動を実践するのでは大きな差が出てしまう。

Point 2 足捌きで斜めに進む

No.28（P66）同様、左右どちらの場合でも、足捌きを用いて斜め前方に進みながら円運動を行おう。足は小さく早く動かし、左足が浮いている時間を、なるべく短くすることが大切だ。また、左足の踵が床に着かないように注意し、いつでも攻撃できる状態を常に作っておく。

Point 3 竹刀捌きで中心を取りながら切り込む

足捌きと共に竹刀捌きも用いよう。写真を見てわかるとおり、右に移動したいなら相手の右側に竹刀を移動させ、剣先で相手の中心を取るように切り込むと、相手が竹刀を裏に回すことができなくなるだけでなく、側面正対することもできる。左に移動する場合は、左側に竹刀を移動させる。

指南プラス+1 ただの円運動ではコンパスと同じ

円運動で中央に戻る技術を解説したが、このときに最も重要なのは、足捌きで相手に切り込んでいくことだ。これができていないと、ただの円運動になってしまう。これではコンパスと同じで、相手との距離が変わらず、いつまで経っても不利な状況から抜け出すことはできない。回り込みながら、なおかつ切り込むことで、境界線から遠ざかりながら中央に戻ることができるようになるのだ。状況を打開するためには、円運動しながら切り込むことを忘れないようにしよう。

流れ

No.32
試合場での位置（こちらが場外を背）

円の動きの中で相手が打突してきた場合は、返し技が効果的

No.31（P72）では、場外を背にした場合、円の動きで中央に戻ることを解説したが、途中で相手が打突してきた場合の対処法を紹介しておく。中央に戻ろうとしているということは、こちらが不利な状況である、ということをまずは認識しておこう。こちらから技を仕掛けることはあり得ないが、相手から仕掛けられる可能性は高い。したがって、その場合は、**返し技を用いることが効果的**であり、左右どちらに動くかで、相手の技の選択も変わるので、それに応じた返し技が効果的となる。

Point 1 不利な状況なので技の選択が少ない

技の選択は
少ない

場外を背にしている場合はもちろん、中央に戻ろうとして円の動きをしている場合も、こちらが不利な状況であることは言うまでもない。つまり、こちらから仕掛けて技を出したとしても、選択できる技も少なく、一本を取れる可能性は低いと認識しておかなければならない。

Point 2 右に動いた場合は面に来られやすい

面に来られやすい
右に動くと

こちらが右に向かって円の動きをした場合、相手にとっては面が狙いやすくなる。つまり、右に動いた場合は、面に来られる可能性が高いと肝に銘じておこう。この場合は返し胴で応じ、左腰を捻って相手の右に抜けていくと一本が取りやすくなるので覚えておいてほしい。

Point 3 左に動いた場合は小手に来られやすい

小手に来られやすい
左に動くと

こちらが左に向かって円の動きをした場合は、相手にとって小手が狙いやすくなると肝に銘じておこう。この場合は、相手の小手を裏しのぎで受け流し、開き足を用いて相手から目を離さないように注意しながら、面を打突すると一本が取りやすくなるので覚えておこう。

指南 プラス+1

円の動きのとき相手に向く

ここでは、円の動きを行っている最中の対処法を解説したが、返し技を打突するには、自らが打突できる状態を作っておかなければいけないのは言うまでもない。剣先と臍、つまり自分の中心が常に相手に向いているように注意しながら移動しよう。同時に、後ろ足である左足の指先も、開き足にならないよう相手に向くようにしておくと、常に相手に正対していられるので、いつ打ってこられても応じられるようになるのだ。この動きができてはじめて、返し技が打てるようになる。

流れ

No.33

試合場での位置（こちらが場外を背）

場外を背にして間合いを詰められているときは、相手の竹刀を押さえながら間合いを詰め、体を入れ替えて引き技を打つ

No.31（P72）では、こちらが場外を背にした場合、円の動きで中央に戻ることを解説したが、この方法以外にも中央に戻るための技術がある。それは相手の竹刀を押さえながら間合いを詰めていき、体捌きを使って体を入れ替えてしまう、という方法だ。

この技術の場合、無理な打突や安易な打突を行ってしまう可能性も低く、逆に相手に打たれてしまうリスクも軽減できる。**体を入れ替え中央に戻りながら引き技が出せれば、効果的な攻めとなり、一本が取れる可能性も高い。**

Point 1

場外を背にして技を安易に出さない

この位置では
リスクが高い

場外を背にしている場合は、これまでも触れてきたように安易に技を出してはいけない。技の選択肢が減っているだけでなく、効果的な技とならない可能性が高いからだ。また、相手にとっては有利な位置であり、この位置で勝負するにはリスクが高すぎることを、まずは認識しておこう。

Point 2

相手の竹刀を押さえ間合いを詰める

竹刀を押さえて
間合いを詰める

単に間合いを詰めに行くと、打突されてしまう。間合いを詰める場合は、必ず相手の竹刀を押さえながら、一気に詰めるよう心がけよう。

この状態で相手の剣先が自分の体から外れていたり、呼吸が乱れているなど、相手に隙があるようなら、そのまま打突してもいい。

Point 3

体捌きを使って中央に戻る

相手の竹刀を押さえて間合いを詰めたら、体捌きを使って体を入れ替え、中央に戻ってしまおう。

このとき、相手に隙ができるようであれば、中央に戻りながらの引き技で、躊躇なく打突して構わない。仮にそれで一本が取れなくても、中央に戻る目的は達成される。

指南 プラス+1

引き技は全般可能

中央に戻りながら引き技を出す場合、それが面であろうと小手であろうと、または胴であろうと、相手の状況に合わせて、何を選択しても構わない。相手の竹刀の位置や体勢を見て瞬時に最適な技を選択するといい。

ただし、技を出した方がいい場合と、相手に隙がないだけでなく、応じられる準備ができているなど、中央に戻ることだけを選択した方がいい場合があるので、打てる状態ではないと判断したら、無理に打突したりせず、中央に戻ってからあらためて試合を進めよう。

流れ

No.34
試合場での位置
(こちらが場外を背)

場外を背にして鍔迫り合いをする場合は、正しい状況判断と引き技が効果を発揮する

No.33（P76）では、場外を背にした場合、相手の竹刀を押さえて間合いを詰め、体を入れ替えることを解説したが、ここであらためて場外を背にした場合の鍔迫り合いについて解説しておこう。

鍔迫り合いを行うときは、正しい状況判断が必要だ。場合によっては反則を取られてしまうこともあるので、経過時間や反則の有無などを考慮しなければならない。その上で、こちらの剣先が必ず相手の方に向くようにしておくことが重要だ。相手に隙があれば、躊躇うことなく引き技で打突しよう。

Point 1 正しい状況判断を行っておく

こちらから執拗に鍔迫り合いに持ち込んだりすると、反則を取られる恐れがある。反則は2回で一本となるので注意しなければならない。

また、試合開始からどれくらい時間が経過しているのか、どちらが一本取っているのかなどを考慮し、鍔迫り合いを行うようにしておこう。

Point 2 隙があったら引き技で打突

引き技は
正しい状況判断で

こちらが場外を背にして鍔迫り合いを行っていると、相手は引き技はないと思っていることが多いものだ。

そのため、引き技に関しては警戒心が薄れていることが多く、気が緩んでいると判断できる場合は、正しい状況判断のもと、引き技で打突すると一本になりやすい。

Point 3 こちらの剣先を相手に向ける

剣先を相手に
向けておく

鍔迫り合いを行うときは、必ずこちらの剣先を相手に向けて行うようにしよう。相手は後方が広いため、引き技に関しては相手が有利な状況と言え、引き技で打突してくる可能性が高い。しかし、これができていれば、相手に引き技を打たれることがなくなり、こちらが打ちやすくなる。

指南プラス+1

打つと決めたらしっかり打つ

場外を背にして引き技で打突する場合、さまざまな状況を正しく判断する必要があると解説したが、それでもいざ打突するとなると、やはり場外に出てしまうリスクが頭から離れず、中途半端な打突になってしまいがちだ。

しかし、これではリスクを冒して打突しても一本を取ることはできないだけでなく、わざわざ反則をもらいに行くようなもの。

打突すると決めたら、リスクを恐れず、試合場の中央で引き技を打つのと同様の気持ちで思い切って一本を取りに行こう。

流れ

場外を背にして相手との間合いがあるとき、相手は場外に出ない技を出すことが多いので、そのときは出ばな技、応じ技が有効

こちらが場外を背にしていて、かつ相手との間合いがある場合には、No.25（P60）でも解説したとおり、相手は自らが場外に出ないよう二段技を選択する可能性が高いので、出ばな技が効果的だ。また、相手は攻め時と思い、この状況を逃すまいという心理が働くため、大きな足捌きで直線的に間合いを詰め攻めてくることが多い。このようなときは応じ技が有効だ。**相手は自らが場外に出たくない心理から、直線的な技、小手や突きを選択することが多いので、それに応じた技で打突しよう。**

Point 1 相手の二段技には出ばなで打突

No.25（P60）でも触れたとおり、こちらが場外を背にしていると、相手は自らが場外に出たくないため、二段技で攻めてくることが多くなる。

そこで、相手の一本目の打突に合わせて出ばなで打突すれば、実際に決めようとしている二本目の技の前に、こちらが先に効果的な打突ができる。

一本目の打突に合わせ
出ばなで先に打突

Point 2 大きな足捌きにも出ばなで打突

間合いが遠い分、相手が大きな足捌きで入ってくるようであれば、それは左足の引き付けに時間がかかるということを意味している。

それはつまり、隙が生まれることでもあるため、出ばな技で打突すれば、相手よりも先に効果的な打突をすることができ、一本が取りやすくなる。

大きな足捌きで来たら
隙を突いて出ばなで打突

Point 3 直線的な技には応じ技で打突

自ら場外に出たくないという心理は、技の選択を限定させることもある。つまり、直線的な技、小手や突きを選択する可能性が高いということだ。

そこで、相手が小手を打突してきた場合は応じ技で、突きで打突してきた場合は、開き足を使って体を捌きながらの技が効果的だ。

直線的な技には応じて
打突するといい

指南 プラス+1

足捌きは左足の引き付けを早く

こちらが間合いを詰めるような状況のとき、ここで解説したような動きになってしまうと、隙を生むことになる。足捌きは左足の引き付けが重要だ。右足を大きく出してしまうと、左足を引き付けて着地させるまでの時間、つまり浮いている時間が長くなり、この間は打突できない、ということになる。したがって、この時間は短ければ短いほど、隙がなくなる。また、Point3で解説した応じ技の場合は、その場で打たず、少しでもいい、必ず前に出て打突することが重要となる。

転機となった試合

―― 逃げの気持ちが負けにつながる ――

鈴木氏が出場した全国警察剣道大会、団体戦での準決勝。

その試合では、鈴木氏が勝てば決勝進出決定、引き分けでも決勝進出がほぼ決定的となる、有利な状態での副将戦での出来事だった。

試合開始から2分ほど経過したとき、先に一本を取ったのは鈴木氏。通常であれば、さらに一本を取りにいくのだが、鈴木氏はここで、『相手も強いし、この一本を守り切ればチームが決勝進出できる』という守りの気持ちを持ってしまったのだという。そして、試合が再開されたとき、それまでの攻めの姿勢から、相手の打突を避ける姿勢に変わってしまった。そのため、相手の動きに過敏に反応し、部位を隠そうとして大きく避けてしまうことになる。そうしている内に、相手に間合いに入られてしまい、それを恐れて避けようとし、左足の踵を床に着け、重心を後方にのけ反らせて、左手を上げてしまったところを、小手に来られ一本を取られてしまったのだ。

それでもまだ引き分け。そこで気持ちを切り替えられればよかったのだが、気持ちを整理する間もなく試合が再開される。鈴木氏は再度小手に来られることを嫌っていたため、すぐに間合いに入ってきて竹刀を担いだ相手の小手を警戒し、踵を着け状態をのけ反らせて打突を避けようとしたところを面に来られ、一本を取られてしまったのだった。

このときの試合を振り返り、『逃げや守り、受けの気持ちは、相手に隙を与えるだけでなく、こちらが防戦一方となってしまい負けにつながる』という教訓を身に染みて実感した、全国警察剣道大会の団体戦であった。

第三章

試合（大会）前の練習方法と調整法

剣道の試合を直前に控えたときの効果的な練習法や調整法、あるいは試合前にしておくべきことや試合に備えた日々の過ごし方など、大会で実力を発揮するために必要な事項について解説する。

No.36
調整法（大会前）

できる限り試合で相手となる選手の研究をしておく

相手を知り、研究しておくことは、どの競技でも同じことだが、試合に勝つ上で大きな要素となる。剣道においても、事前に相手となる選手がわかるのであれば、**対戦表やビデオを見るなどして、相手を研究しておくとい**い。学生などで、相手となる選手の資料が入手困難な場合などであっても、試合会場で相手の試合を見るなどして研究することは可能なはずだ。相手の得意技を知り対策を練る。相手の弱点を知り攻め方を考える。相手の癖を知り試合の進め方を模索することが重要だ。

Point 1 得意技を確認しておく

対戦表やビデオ、あるいは当日の試合会場で、対戦相手となる選手が、より多く一本を取っている技を確認しておこう。それが絶対に相手の得意技であるとは限らないが、頭の隅に入れておくだけでもいい。ただし、試合で警戒しすぎるのは禁物。参考程度に考えておいてちょうどいい。

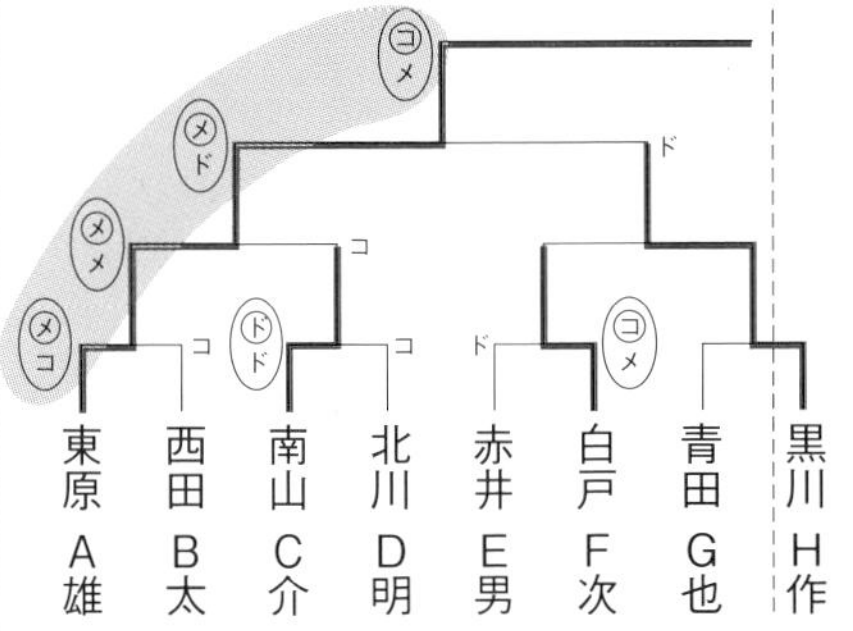

Point 2 取られている技を知っておく

Point1とは逆に、相手が一本を取られている技を知っておくことも必要だ。Point1同様、多く取られているからといって、そこが必ずしも弱点とは限らないが、それでも知っているだけで参考になる。もちろん、その部位を狙いすぎるのも禁物。参考程度でちょうどいい。

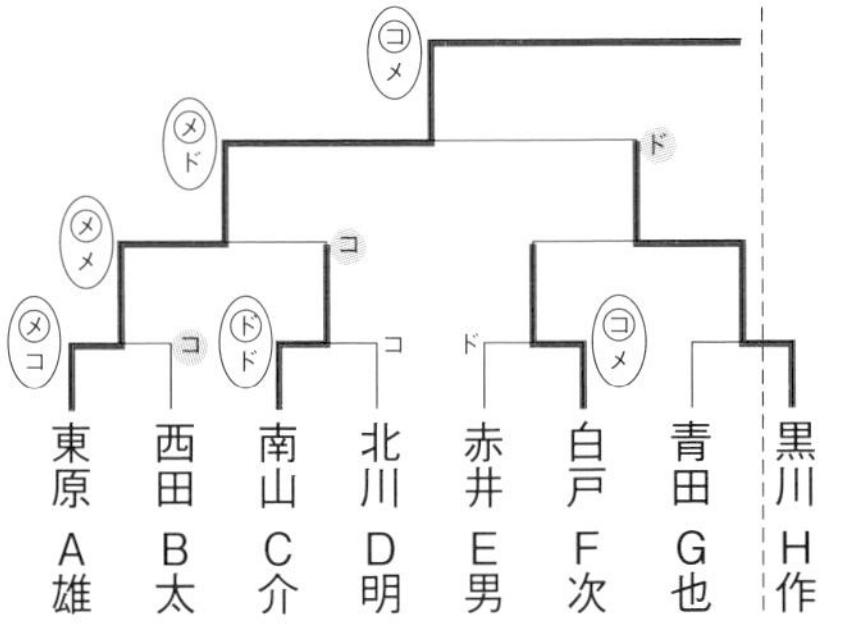

Point 3 相手の癖を見抜いておく

実は試合の中でいちばん重要になるのが、相手の癖だ。相手の癖が見抜ければ、自分の持っている技と照らし合わせて、攻め方や試合の進め方を考えることができるようになる。どのような攻め方が相手に合っているのか組み立てることができ、対策を練ることにもつながる。

指南プラス+1

相手の癖いろいろ

癖といってもいろいろある。ほんの一例を挙げてみよう。

試合開始後、立った瞬間、左右のどちらに回る癖があるのか。

相手が打突してきたとき、どのような避け方をするのか。左手が上がるのか、左手が右手の下に入るのか。

触刃の状態で相手の竹刀を払う癖があるのか、押さえる癖があるのか。

剣先が上がる傾向にあるのか、下がる傾向にあるのか。

これらの癖を見抜くことができれば、それに応じた攻め方や、試合での対策などが見えてくるものだ。

No.37
調整法（大会前）

対戦相手となる選手の真似をして、短所・長所を知る

真似ることで見えてくるものがある 技の広がりにも効果的

No.36（P84）では、相手の研究をすることの重要性を説いた。もし事前に相手となる選手がわかり、かつ、研究できる資料があるなら、ぜひ実行してほしいのが、相手選手の真似をしてみる、ということだ。**その選手の打ち方や避け方などを稽古で実践してみると、思った以上の発見に巡り合える**ものだ。思わず納得してしまうような攻め方や技などの長所があったり、逆に、これでは弱点になってしまうのではないかと思われるような短所が見つかったりする。よいところであれば、それを自分の中に取り入れてもいい。

この練習方法は、試合前に限らず、たとえば通常の稽古でも行っておくと、技の広がりにつながる。

No.38
調整法
（大会前）

仲間に対戦相手の真似をしてもらい、攻め方を研究し見つけておく

相手との仮想試合で打開策を見つけ磨く努力をする

No.37（P86）では、相手の真似をしてみることを解説した。そこで、相手の癖や攻め方などを仲間に伝えて真似てもらい、今度はその相手と稽古してみよう。つまり、仮想試合と言っていい。

No.37で感じた**弱点の攻め方を研究してみたり、長所だった箇所に対し、どのように対処すればいいのかを確認**してみたり、あるいは自分の持っている技と照らし合わせ、どのように試合を進めていけばいいのかを確認、実践してみるのだ。そして、打開策が見つかったら、それを磨く努力をして試合に備えることができる。

ただし、これは仲間の協力が必要不可欠なので、あまり長い時間、付き合わせてはいけない。

流れ

No.39
練習法
（大会前）

足捌きは剣道の基本。練習の中で取り入れておこう

本書の中で再三にわたり言ってきたことだが、試合ではもちろん、剣道では足捌きが非常に大切になる。学生のときはしっかりと足捌きの練習を取り入れているものだが、大人になると足捌きの練習というのは、ほとんどしなくなってしまうのが現状だ。

しかし、**足捌きは剣道の基本であり、試合でも勝つためには欠かせない要素**になるのは間違いない。

いま一度、基本に立ち返り、練習の中で足捌きを取り入れよう。試合で、それまで以上にスムーズに足が運べることに気付くはずだ。

Point 1 左足の引き付けを意識して行う

左足の引き付けを意識しておこなう

足捌きの練習で大切なのは、左足の引き付けを意識して、素早く速く行うようにすることだ。左足の引き付けが遅いと、この間は左足が宙に浮いている状態が長くなるため、打突できなくなる。それはそのまま隙につながり、相手の打突を許すことになり、試合で非常に危険だからだ。

Point 2 歩幅は小さく重心を変えずに

歩幅は小さく、重心を変えずに

足捌きの練習を行うときは、歩幅を小さくするよう心がけておこう。重心が前後左右に動かないように注意しながら移動し、頭と腰、目線の高さが常い変わらないように注意することが重要になる。上体が床と平行して移動していくようなイメージを持っておき、それを実践しよう。

Point 3 竹刀を持って構えて行う

Point1と2の要領で練習を行ったら、竹刀を持ち、構えて足捌きの練習も行ってみよう。竹刀を持っても剣先や両手の位置が変わらずに動けるようにすることで、はじめて試合で効果を発揮するからだ。剣先が動いてしまったり、上体が動いてしまう場合は、注意して練習を重ねよう。

指南 プラス+1

いつでも行ける準備ができる

私が指導している少年剣道で、子供たちによく言うのだが、正しい構えはロケットが発射台に乗っているのと同じ状態だと言える。この状態であれば、いつでも発射できる。つまり、正しい構えができていれば、いつでも打突できる隙のない状態が保てるということだ。正しい足捌きは、この状態を常に保ちながら移動することができる唯一の方法であり、そう考えると試合でもいかに大切なことなのかがわかるというものだ。ぜひ、おろそかにせず、足捌きの練習を積極的に取り入れよう。

No.40
練習法
（大会前）

試合の一週間くらい前からは、得意な技に磨きをかける意識を持っておく

漠然と練習を消化しないあえて目的意識を持ち技に磨きをかける

試合の一週間くらい前になったら、通常の練習の中で、特に得意としている技に磨きをかける意識を持っておくことが大切だ。

これは、文字通り得意技に磨きをかけることはもちろんのこと、ただ漠然と練習を消化するのではなく、あえて磨くことを意識することで、**技により磨きがかかるだけでなく、その技に対して、より一層の自信を持たせることができる**ようになるからだ。

普段の練習でこの意識を持ってしまうと、他の練習がおろそかになってしまう可能性もあるため、あまり勧められないが、試合前であれば、効果的な練習法となり、試合の際、必ずそれが活きてくることになるはずだ。

No.41
練習法（大会前）

時間があるときは、苦手と思われる技も練習して、技を増やす努力をしておく

苦手な技を克服して技を増やすことで自信につながる

No.40（P90）とは相反することだが、苦手と思われる技を練習しておくことも重要だ。得意技を磨くのは、No.40（P90）でも解説したとおり、大会前でいいが、苦手と思われる技の場合は、普段から時間があるときに練習して、それを**克服したり、自分の技にできると、試合での技が増え、それが勝利に直結する**。ただし、この場合は、大会前に付け焼刃で行っても自分の技にすることができないのはもちろんのこと、それ自体が自信となるわけでもないので、あくまでも普段からの練習で、身に着くよう、努力しておくことが望ましい。それを稽古の中で試すなどして、手応えなり、完成度などを確認しておくことも重要だ。

流れ

No.42

練習法
（大会前）

ただ打つだけの練習ではなく、相手と息を合わせ、応じ技、出ばな技の練習を意識的に行うことで、打突のタイミングが磨ける

試合前という限定した場合に限らず、普段の練習から、相手と息を合わせて打突しておくことが重要だ。練習に慣れてしまうと、ただ打つだけだったり、逆に相手に打たせるための元立ちになってしまいがちだが、これでは、お互いのためにならない。元立ちも自らが一本を取るつもりでしっかりと打突し、それに合わせて**応じ技**で**打突したり出ばなを狙ったりして**はじめて、**打突のタイミングが磨ける**というものだ。また、お互いにさまざまな技を想定し試すことで、より試合に則した練習となる。

Point 1 元立ちも一本取りにいくつもりで

応じ技、出ばな技の練習だからといって、元立ちが打たれるつもりで練習していてはいけない。元立ちが一本を取りにいくつもりで練習してこそ、はじめて息を合わせることができるのだと心得て練習に取り組もう。それがどちらか一方ではなく、お互いの練習にもなるのだから。

元立ちも一本を
取るつもりで

Point 2 いろいろな技で試してみよう

元立ちも取りも、いろいろな技を想定して練習に取り組むようにしよう。日頃から面や小手などだけでなく、小手面、面小手を想定してみたり、いろいろな応じ技、出ばな技の種類を試してみることで、新たな発見があったり、より試合に則した練習になるはずだ。

Point 3 試合に則した呼吸と間合いで

Point2と似ているが、さまざまな技で行うとともに、試合に則した練習とするためには、同じ呼吸、同じ間合いで練習しているだけではいけない。試合ではさまざまな間合いがあるはずだ。そのためは、間合いや呼吸を変えてみたりすることも必要になってくる。

間合いや
呼吸も変えてみる

指南 プラス+1

形の稽古を入れよう

ここでは、打突のタイミングを磨くための応じ技や出ばな技の練習法を解説したが、実は形も打突のタイミングを磨くいい練習になると知っておこう。形には「日本剣道形」と「木刀による剣道基本技稽古法」の2種類あるが、この形の稽古を入れることで、手の内の使い方や足捌き、打突の好機などを学ぶことができる。もちろん形である以上、相手と呼吸を合わせる必要があるため、ここで解説した「相手と呼吸を合わせる」ことにもつながり、打突のタイミングも学べる。

No.43
調整法
(大会前)

試合の一か月くらい前からは、試合当日の起床時間に合わせて起床する

試合当日も普段の生活リズムで試合に臨める

大会など試合が近くなると、どの競技でも調整を行うことがある。私の場合も、約一か月くらい前から、試合当日の起床時間に合わせて起床するようにしている。次のNo.44で紹介する調整法にも関係してくることだが、一か月くらい前から起床時間を合わせて生活していくことで、試合当日であっても急激な生活パターンの変化をなくすことができるため、**生活の変化に伴う緊張を軽減させることができる**からだ。もちろん、当日の起床時間に合わせて自分の生活リズムを作ることができるため、試合当日であっても、たとえば体が睡眠から完全に抜け出せないまま試合に臨まなければならないなどのリスクも軽減できる。

No.44
調整法（大会前）

たとえ試合前日であっても、生活パターンを変えない

生活パターンの変化は自らに過度の緊張を与えかねない

よく、試合前日だからといって、それまでの生活パターンを変え、たとえば普段行っている練習や稽古を省いて調整したり、通常行っているルーティンワークを省いたりする人を見かける。

大切な大会であればあるほど、その大会にかける意気込みは大きくなり、慎重になるのは理解できるが、このように生活パターンを変えてしまうと、必要以上に自らに緊張を与えてしまいかねない。

そこで私は、たとえ**大会前日であっても、普段と何ら変わることのない生活を送る**よう心がけている。

もちろん、仕事も少年剣道の指導も通常どおり行いつつ、試合当日と同じ時間に就寝し、同じ時間に起きるようにしている。

No.45
調整法
(大会前)

常に自分が勝つ イメージトレーニングをしておこう

相手をイメージし試合の進め方、一本の取り方を考える

大会直前でなくてももちろんそうだが、特に大会の前になったら、試合で自分が勝つというイメージトレーニングをしておくといい。対戦相手が決まっていない場合や、対戦相手のことを知らない場合でも、試合での攻め方や一本を取った瞬間をイメージしておくことで、精神をポジティブにしておくことができるようになる。

もし対戦相手がわかっているような場合は、No.**36**（P84）で触れたように**相手の研究をし、その成果を元に試合の進め方、一本の瞬間などをイメージしておく**といい。あるいはNo.**37**（P86）**38**（P87）で解説する練習法を元に、試合の進め方や攻め方、一本の取り方などをイメージしておこう。

No.46
調整法（大会前）

人よりも多く稽古し、それを継続することで自信につながる

人よりも10本多く振る 10分残って練習する それを継続してこそ自信になる

よく『人よりも多く練習することで、それが自信につながる』と言われる。確かにその通りだが、私はあえて、そこにもう一言付け加えたいと常々思っている。それは、その『**人よりも多く練習すること**』を『**継続**』させることだ。

普段の稽古や練習から、たとえば人よりも10本多く素振りを行ってもいい。通常の練習が終わった後、10分残って、必要と思われる練習をしてもいい。ただし、それが大会前に限ったことだったり、気が向いたときだけといった具合に、継続性が伴わなければ自信につながらないのだと思っている。継続してこそ、ここぞというときの『これだけやってきた』という自信につながるのだ。

転機となった試合

――相手の研究が功を奏する――

鈴木氏が優勝したときの全日本剣道選手権での一回戦。

この大会は2週間ほど前に初戦の対戦相手がわかるのだが、鈴木氏の対戦相手となったのは、当時、日本ならびに世界でもトップクラスの強豪選手であった。

対戦相手が決まると、鈴木氏は相手の試合のビデオを何度も見て研究を重ねたという。そして、ある条件が重なったときに限って、ひとつの大きな癖が出ることを発見した。

そこで、練習時に発見したその癖を自ら真似てみることを思いつく。その上で、この試合の付き人であった後輩に、その癖を伝え、今度は逆に後輩にその癖を真似てもらい、対策、攻め方を練る作業を行っていく。そして研究に研究を重ねた結果、試行錯誤の末、ひとつの作戦にたどり着いたのだった。

迎えた当日。試合では、やはり世界でもトップクラスの実力を備える強豪。なかなか一本を奪うことができない。鈴木氏はそれでもあきらめず、攻めに徹した。そんな中、瞬間的にある条件が重なる場面が訪れる。相手は案の定、鈴木氏が発見していた癖を出したのだ。この瞬間を逃さず、練りに練った作戦を実行するべく、小手を打突。それが見事に決まり、結果的に鈴木氏が勝利を収めたのだった。

このときの試合を振り返り、『相手が自分よりも強いからといって、あきらめてしまってはそこで終わり。強ければ強いほど、相手の資料は出回っているものなので、研究はしやすくなる。そして、相手を知り、研究を重ねて対策を練れば、必ず突破口は開けるはずだ。必ず勝機はある』と言った。

第四章

試合に臨む際の心得

この章では、試合当日、会場に入った際の確認しておくべき事項等、試合に臨む際の心得を解説する。また、会場に入った後の練習法を紹介し、緊張をほぐし、実力が発揮できる方法も解説する。

No.47
試合に臨む心得（大会前）

会場入りしたら、試合場の広さを確認し、見えるものの大きさなどを把握しておくことで、試合で立ち位置が判断できる

剣道の試合場というのは、どの会場であっても同じであるとは限らない。1辺が9m〜11mと定められているため、9mから11mまでの正方形か、場合によっては長方形であることも考えられる。

慣れた大きさを漠然とイメージしていると、試合中に思いがけず境界線に接近していたということもあり得るので、会場に入ったら、具体的に何mであるかを知る必要はないが、**試合場の大きさを確認しておくといい。同時に、中心に立って、視界に入るものを確認し**ておくことも勧めたい。

Point 1

2辺を歩いて確認しておく

試合場を確認する場合は、まず2辺を歩いてみよう。正方形であるのか長方形であるのか、また実際にどれくらいの大きさであるのかを把握しておく。慣れた試合場があるなら、その差をイメージしておくと、試合中に思いがけず境界線の近くにいる、といったこともなくなる。

Point 2

中心に立って周りを見てみる

次に、試合場の中心（×印）に立って、周囲を見回してみよう。その位置から見えるもの、その見えたものの大きさや位置を把握しておくことで、試合で移動したときに自分が試合場のどの辺りに位置しているのかを、視界にとらえているものとの差から把握することができるようになる。

Point 3

実際に歩いて体感しておく

中心から見えるものを確認したら、次は試合場の中を実際に歩いてみよう。このとき確認するのは、中央から歩いて何歩で境界線（場外際）なのか、何歩で中央まで戻ってこれるのか、などだ。同時に**Point2**で触れた、見えたものの見え方の変化などを確認しておく。

指南 プラス+1

境界線は見てはいけない

試合場の確認を行うとき、やってはいけないことがある。それは境界線を見てしまうことだ。試合中、境界線に視線を移す選手はいないと思うが、それと同じで、境界線で位置を確認することはない。境界線を見てしまうと、視線が下がってしまうため危険だ。見えるものを確認するときは、必ず目線の高さで行うようにしよう。また、見えるものの位置などを正確に把握する必要はない。これくらいの位置（大きさ）に映るから、これくらいの位置であると判断できれば十分のはずだ。

流れ

No.48
試合に臨む心得
（大会前）

会場入りしてからの練習では、練習相手と呼吸を合わせて打突する応じ技を入れておこう

試合当日、会場入りしてからの練習は、とかくウォーミングアップ的なものになりがちだが、No.42（P92）でも紹介したように、試合に則した稽古を入れておいた方がいい。ここでは、そのひとつとして、相手と呼吸を合わせて打突する応じ技を入れることを勧めたい。試合同様、**相手を攻めて打たせ、それに応じて打突することで、より試合に近い状態で練習できる。**同時に、前だけでなく左右や斜め、後方へ捌きながらの技も入れるといい。相手の得意技に対する応じ技も入れておきたい。

Point 1 待つのではなく攻めて打たせて応じる

練習が、練習のための練習になってしまってはいけない。そのためには、相手が打ってくるのを待って応じるのではなく、こちらから攻めて、相手が手を出さなければいけない状態を作り出すことが重要であり、それに応じるようにしよう。主導権を握り練習することが大切なのだ。

Point 2 前後左右や斜めなど体捌きを用いて行う

応じ技は前に出る技だけではない。左右に、斜めに、あるいは後方に体を捌きながらの応じ技も行っておこう。また、事前に試合の相手がわかっているのであれば、相手の得意技に対する応じ技を練習しておくと、さらに実践的となり、より試合に則した練習にすることができる。

Point 3 試合と同じ間合いで行う

応じ技の練習となると、自然と間合いが近くなりがちだ。応じ技とわかっているだけに、反応できてしまうからだ。しかし、これでは練習のための練習になってしまう。面でも小手でも、どのような技であっても対応できるよう、試合と同じ間合いで行うようにしよう。

指南 プラス+1

相手も試合のつもりで練習する

この練習では、相手の気持ちも重要になる。そこで、練習の相手となる選手も、練習のパートナーではなく、自分自身が打突の練習を行っているつもりで行うようにしよう。このような気持ちで練習を行うことで、それがお互いのためにもなり、活きた練習にもなる。逆に打たせるための打突になってしまうと、悪い癖になるだけでなく、相手にも「このスピードで間に合う」という勘違いをさせてしまいかねない。こちらにしても、攻めても打ってこなければ、攻め切って打つ方がいい。

No.49
試合に臨む心得（大会前）

床の滑り具合を確認しておこう

床の滑り具合を事前に確認しておき試合に備える

試合会場は、普段から使い慣れた場所になるとは限らない。全国的な大規模大会ともなれば、何度か経験することがあるかもしれないが、初めての会場であることの方が多いはずだ。

剣道では、**足捌きが試合を進める上で大きな要素**となるため、私は試合会場に入ると、まず最初に**床の滑り具合を確認**するようにしておく。初めての会場では当然だが、何度か試合を行ったことのある会場であっても、当日の天候や気候などにより、床の滑り具合が記憶と違っている場合もある。

床の滑り具合を確認して試合に臨むのと、試合になってはじめて実感するのでは、結果に大きな差を生む可能性もある。

No.50
試合に臨む心得（大会前）

緊張をほぐす意味でも、大きくゆっくりと竹刀を操作し筋肉を緩めておこう

緊張をほぐして精神を安定させ平常心で試合に臨む

試合を直前に控えたとき、緊張するなと言っても無理がある。誰しもが多かれ少なかれ緊張するものだ。しかし、緊張も度が過ぎると筋肉に力が入り、普段通りの剣道ができなくなってしまう。

そこで、私は試合直前の練習で、意識的に大きくゆっくりと竹刀を操作して、筋肉を緩めるように努めている。**大きくゆったりとした動作は、筋肉の緊張を緩めると同時に、精神の安定をもたらすも**のだ。練習を始めて素振りや基本打ちを行うとき、最初の何本かを使って、このように操作しておくと、緊張からくる小さくぎこちない動作を回避させる効果をも生むものだ。緊張をほぐし、平常心で試合に臨むようにしよう。

No.51
試合に臨む心得（大会前）

手打ちにならないよう、腰からの意識を持たせるため、突きの練習を入れておくといい

緊張は手打ちを生む 腰からの意識付けをさせて 試合に臨むこと

No.50（P105）では、緊張をほぐすために大きくゆっくりと竹刀を操作すると解説した。同様に、試合前に行っておきたい練習として、突きの練習を入れておくことを勧めたい。試合ではとかく気持ちばかりが前に出てしまい、手打ちになりがちだ。これではせっかく打突しても効果的な技とはならず一本が取れないので、しっかり腰を入れて打突することを意識させるためにも、試合前の練習で突きを入れておこう。**突きは腰からいかなければならないため、それを意識させることができる。**この練習を入れておくことで、腰からの意識を再確認でき、他の技でも手打ちにならず、腰から打突しに行くことができるようになる。

No.52
試合に臨む心得（大会前）

試合に則した稽古を入れておこう

実践に近い練習を行い会場の情報を感じ取ったり適正な間合いを知る

試合会場に入ったら、試合に則した稽古を入れておこう。練習相手と互格稽古を行うことで、より実戦に近い活きた練習を行うことができる。しかし、効果はこればかりではなく、**試合会場や、その場の試合中の雰囲気を感じ取ったり、床のすべり具合を実感する**こともできる。また、普段使用している道場よりも会場が大きい場合は、間合いが広くなっていたり、逆に狭い場合は間合いが近くなっていることがある。これは慣れた空間（たとえば壁の位置や、相手の背後に見える景色、壁の見え方など）との違いから、感覚的に適正な間合いがつかめないことに起因しているが、試合前に適正な間合いを知ることもできる。

転機となった試合

―得意技は狙いすぎるといつく―

鈴木氏が優勝したときの全日本剣道選手権での三回戦。

このときの対戦相手は、当時、2年前にこの同じ大会で優勝していた強豪中の強豪選手であった。

この試合では、お互い死闘を繰り広げるも、決着がつかず延長戦へ突入する。試合では、再三にわたり突きを狙われていた鈴木氏。相手は突きを得意としている選手だったのだ。それを何度もかわし、鈴木氏は集中力を切らさず勝機をうかがっていた。

延長に入り、しばらく時間が経過したあるとき、相手が剣先を下げ、瞬間的にいついたのを鈴木氏は見逃さなかった。この『いつく』という状態は、試合を観戦していても、なかなか見抜くことは難しいかもしれないが、それまでの試合の流れ、相手の癖、対戦相手と自分の二人の間の空間、空気、そして何より試合に集中して相手を見ているからこそ、察知し、見抜くことができるのだという。

鈴木氏は相手がいついた瞬間を逃さず、それまで再三にわたり狙われていた突きを打突した。それは見事に決まり、鈴木氏が一本を取って勝利した瞬間だった。

このときの試合を振り返り、『相手がどんなに強い選手であっても、絶対にあきらめてはいけない。試合に集中し、勝機をうかがっていれば、必ずどこかでチャンスは訪れる。相手の得意としている技は、時としていつくなどの隙を生むことがある。同じ技で打突すれば、相手は虚を突かれ一本が取れるようになるものだ』という教訓を実感した、全日本剣道選手権での三回戦であった。

第五章

戦術的打突テクニック

この章では、全日本剣道選手権での優勝経験がある鈴木剛氏の戦術的な打突技術について解説する。面・小手・胴・突きについて、それぞれ実戦で効果的な打突方法について言及する。

流れ

No.53
面（基本）

面は相手との距離に応じて、足幅と振りを変えて打つ

鈴木氏が実践している面の打突技術について、紹介しよう。相手の中心を取ることから始める。そして相手の隙を逃さず面を打突しにいくが、相手がその場から移動しないとは限らない。そこで、相手が下がるようであれば、**竹刀と足幅を大きくして距離を取り**、前に出てくるなら、**歩幅を小さくし、竹刀も小さく振り上げる**ことだ。この調節ができると、距離が足りなかったり元打ちになることもない。打突後は、特に左足の引き付けを早く行い、早く相手に寄せていけると一本になりやすい。

Point 1 相手の中心を取って攻める

相手の中心を取ることは、剣道の絶対的な基本。まずはこれを行う必要がある。これなくして効果的な一本にはならないからだ。焦らずしっかりと相手の中心を取り、攻め入って、相手の隙を逃さないよう注意しておこう。それから面を打つよう心がけておく。

Point 2 相手との距離に応じて足幅と振りを変える

入ってくるなら小さく
下がるなら大きく

面を打突しに行くとき、相手がその場から動かずにいるとは限らない。入ってくるようなら、通常よりも少し歩幅を小さくして、竹刀を小さく振り上げて打突しよう。逆に下がるようなら、歩幅を通常よりも大きく取り、竹刀を大きめに振り上げて距離を取りながら打突する。

Point 3 打突後の一歩目を早くして寄せる

寄せを早くする

面は打突後、相手に体を寄せていくが、この動作が遅くなれば遅くなるほど、一本とはなりにくくなる。そこで、打突後の後ろ足の引き付けと、寄せていく速度を意識して、より早く寄せていくよう心がけておこう。剣道では残心も勝敗を大きく左右することを忘れずに。

指南 プラス+1

面打ちは右足と腰から始動させる

特に面を打突する場合、打突部位が高い位置にあるため、右足の始動と同時に剣先を上げてしまうことがある。しかし、これでは相手に面打ちを悟られてしまうだけだ。始動は右足と腰から行い、剣先は最後まで動かさず、打突する直前に動かすイメージを持っておこう。これができていると、相手は面に来るのかその他の部位に来るのか最後まで判断できず、迷わせることができるだけでなく、対処そのものも遅らせることができるので、効果的な技となり、一本となりやすくなる。

流れ

No.54
面
（斜面）

相手が面を避けても、斜面であれば打突できる

No.53（P110）では面の打突技術について解説したが、ここでは面の応用として、斜面について解説しよう。通常、面というと真面のことを指すが、斜面であっても、それが効果的な打突であれば一本を取ることはできる。**相手が竹刀で面を避けるような場合でも、斜面であれば打突は可能**だ。

ただし、刃筋を立ててしっかりと打突する必要がある。そのため、竹刀の側面ではなく、切り返しの要領で打突しよう。打突後は、特に左足の引き付けに注意し、素早く体を寄せていこう。

Point 1 面を避けられても斜面なら打突できる

面を竹刀で避けようとする場合がある。通常、相手は真面を避けるが、避けられても斜面であれば打突できることを、まずは知っておこう。写真を見てわかるとおり、写真左のような避け方であれば右斜面、写真右のような避け方であれば左斜面が開くので、そこを打突するといい。

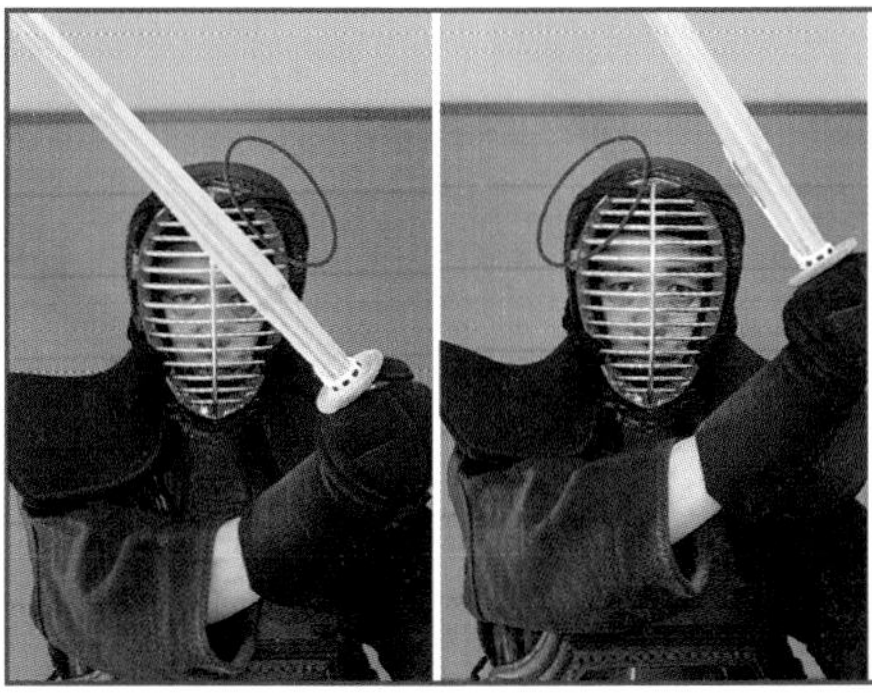

Point 2 切り返しの要領で刃筋を立てて打突する

右であっても左であっても、斜面を打突するときは、しっかりと刃筋を立てて打突するよう心がけておこう。斜面は竹刀の側面で打突してしまいがちだが、練習で行う切り返しの要領で、竹刀の側面ではなく、刃部で打突してはじめて、効果的な一本となるのだと覚えておこう。

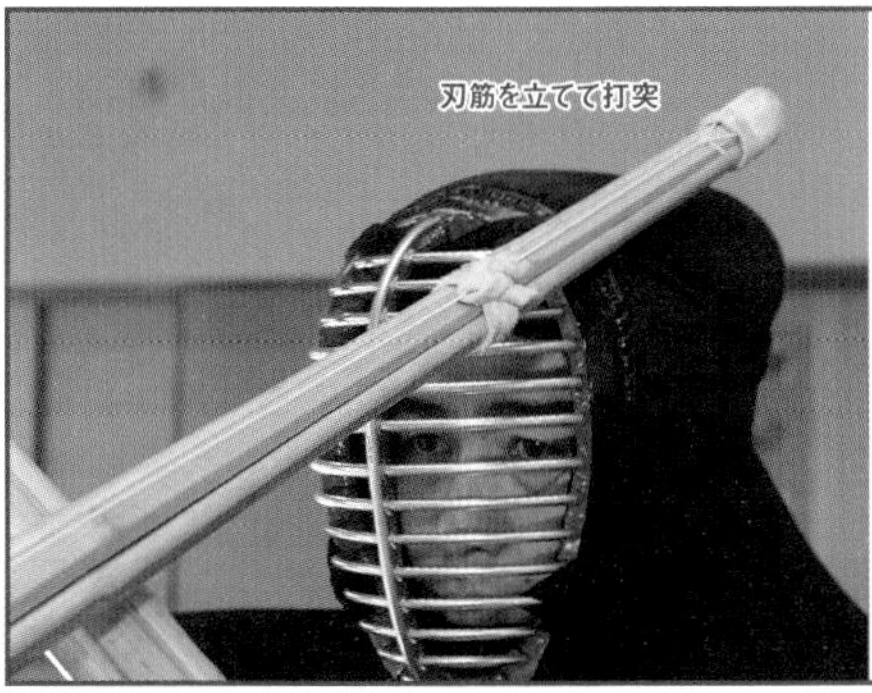

Point 3 打突後の一歩目を早く寄せる

たとえ斜面であっても、通常の真面同様、打突後は素早く体を寄せていこう。体を寄せていかなければ一本にはならないが、この寄せが早ければ早いほど、一本になりやすくなる。特に打突後の左足の引き付けを意識しておくと、体を早く寄せることができるようになる。

指南 プラス+1

切り返しの練習を行おう

剣道では、切り返しの練習を誰もが行うが、この切り返しを準備運動だと思っている人が多いように感じている。しかし、これは準備運動ではなく、剣道に必要な要素を修得する、重要な練習であると認識しておこう。切り返しでは、手の内や手首の返し、右面、左面、遠い間合いからの打突、一足一刀の間合いからの打突など、さまざまなものが修得できるのだ。そのため、ここで解説した斜面を打突するためにも、しっかりと切り返しの練習を行い、自分のものとしておく必要がある。

流れ

No.55
小手（基本）

小手は振り上げるのではなく、左手を軸に小さくスナップを利かせて打てば、最短距離で打突できる

鈴木氏が実践している小手の打突技術について紹介しよう。まずは相手の中心を取ることから始め、相手の隙を逃さず小手を打突しにいく。小手はいちばん近い打突部位だが、竹刀を大きく振り上げてしまうと、相手にとっても避けやすいというデメリットがある。そこで、**竹刀は振り上げるのではなく、左手を前に出すイメージで左手は振り上げず、左手を中心に右手のスナップをより利かせ、小さく力強く振るといい**。打突後は、素早く相手に正対することを心がけ、次に備えよう。

Point 1 相手の中心を取って攻め左手を動かせる

どの部位を打突する場合でも同じだが、小手の場合も相手の中心を取って攻めることから始めなければいけない。これなくして相手の小手を動かすことはできず、打突しても一本とはならない。こちらの攻めで相手の左手が動いたら、その隙を逃さず、小手を打突しにいく。

Point 2 左手を前に出し右手首のスナップを利かせる

左手を前に出して
スナップを利かせて打突

小手を打突する際は、左手を上に上げるのではなく、前に出すようなイメージで、その左手を中心に、右手首のスナップをより利かせて、小さく力強く打突するといい。左手の位置を上に移動させないことで、左手が軸となり、竹刀を最短距離で振り抜くことができるようになる。

Point 3 打突後は素早く相手の正面を向く

打突後は
正面を向く

小手を打突した後、体当たりしていく場合でも、抜けていく場合でも同じだが、素早く相手の正面を向くよう心がけておく必要がある。これを怠ると、相手に攻め込まれてしまうが、素早く正対することで、追い打ちを避けられるだけでなく、次に備えることができる。

指南プラス+1

中指から小指の握りが冴えを生む

小手に限ったことではないが、打突の瞬間に中指から小指までの3本の指に力を入れて竹刀を握ると、自然と手首が曲がり力強い打突ができるようになる。そして竹刀が当たった瞬間に素早くその力を緩めると、手首が返る。この打突の感覚を覚えておくと、いわゆる冴えのある打突となり、切れのある乾いた音が出て一本となりやすい。また、Point3で体当たりすると解説したが、このとき相手のバランスを崩しておくと、相手がこちらを向くのが遅くなり、有利になるメリットがある。

流れ

No.56

小手
（色を見せる）

あえて色を見せて間を詰めれば、相手は応じ技を狙おうとするので、先に小手を打突できる

ここでは小手の応用として、鈴木氏が試合でよく用いる小手の打突技術について解説しよう。

通常、剣道では色を見せてはいけないと言われる。つまり、特定の部位を狙い、打突しにいく姿勢や気配を見せてはいけないということだ。しかし、逆に**わざと色を見せることで、相手に応じ技を狙わせることができる**ようになる。応じ技を狙う以上、相手は先に打突してくることもないため、通常の間合いよりも近くに入って、応じられる前に素早く小手を打突してしまう、という方法だ。

Point 1 あえて色を出して相手に待たせる

剣道では色を見せてはいけないと言われるが、わざと色を見せることで、相手に待たせることができる。つまり、色を見せることで、相手はこちらの考えを見抜いたと勘違いして応じ技を狙うため、先に攻撃されることを防ぎながら、徐々に間合いを詰めていくことが可能となるのだ。

Point 2 左手を前に出して継ぎ足をしない

相手はこちらが小手を打突してくるのを待っているので、徐々に間を詰めていきながら、通常の小手よりも近い間合いまで入ってしまおう。一歩で打てる距離まで入ったら、No.55（P114）で解説した要領で、左手を前に出して竹刀を小さく強く振れば、相手が応じるより先に打突できる。

Point 3 打突後は間合いを潰し残心を残す

小手の打突全般で言えることだが、打突後は必ず間合いを潰し、残心を残すよう心がけるようにしよう。必ず相手の正面を向くようにして、竹刀を素早く戻し構え直す。これが素早くできれば、追い打ちされる可能性も低くなり、次に備えることができるようにもなる。

指南 プラス+1

あえて色を出し相手の裏をかく

本文でも触れたとおり、通常、剣道では色を見せてはいけないと言われている。もちろんそれは正しいことだが、逆に色を見せることで、相手の裏をかくこともできるというひとつの見本が、ここで紹介したテクニックだ。仮にこの技を用いて打突して一本が取れなかったとしても、次に同じように色を見せたとき、相手はどちらなのか判断に迷うことになり、それが隙を生むことにもつながる。そうすれば、その後の試合で主導権を握って試合を運ぶことができるようにもなる。

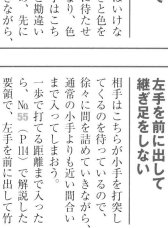

流れ

No.57
胴
（基本）

剣先を上前方に移動させれば、相手が手元を上げるので、胴が空いて打突できる

鈴木氏が実践している胴の打突技術について紹介しよう。胴は相手の手元を上げさせなければ打突することができない。そこで、**攻めながらこちらの剣先を上前方に移動させよう。こうすることで相手に手元を上げさせることができるようになる。**打突部位が下方にあることから、打突時は頭を下げがちだが、頭を下げてしまうと外す可能性があるので、腰を入れて打つイメージを持っておくといい。打突後は素早く残心を取り、追い打ちを防ぐとともに、次の攻撃に備えるようにしよう。

Point 1
剣先を上前方に移動させ相手の手元を上げさせる

胴を打突する場合は、相手の手元を上げさせ、胴を空ける必要がある。そこで、中心を取って攻めながら、こちらの剣先を通常の構えのときよりも、上前方に移動させよう。手元を前に移動させながら、剣先をやや上に向けることで、相手の手元を上げさせることができるようになる。

Point 2
打突時、頭を下げない

胴は打突部位の中でもいちばん下に位置することから、打突の際、下を向いてしまうことがある。しかし、これでは打突部位を外してしまう可能性が高いので、頭を下げないように注意しておこう。また、腰を入れて腰で打つイメージを持っておくと、その防止にもつながる。

Point 3
打突後は素早く残心を取る

低い位置を打突するため、胴の打突後は、剣先が下がってしまうものだ。これでは追い打ちされた時、無防備になってしまい危険だ。そこで、抜けたら素早く振り向いて、竹刀を元に戻そう。残心を取ることで、追い打ちを防ぐだけでなく、次の攻撃につなげることもできる。

指南 プラス+1
片手で打突してはいけない

胴の打突では、竹刀を抜きにくいという理由から、片手で打突する人がいる。しかし、これは正しい打突ではないので、しっかりと両手で握り打突するよう心がけておこう。ただし、打突後、瞬間的に左手が離れて竹刀を抜くのは、ある程度仕方のないことだろう。その際も、竹刀を抜いたらすぐに竹刀を握り直して、Point3で解説したように、素早く中段に戻ることを忘れないようにしよう。これを怠ってしまうと、無防備な状態を相手にさらすことになり危険極まりない。

流れ

No.58
胴
（逆胴）

逆胴は相手の剣先を押さえて一気に入り、体の前で竹刀を小さく回せば素早く打突できる

ここでは胴の応用として、逆胴の打突を紹介しよう。

　逆胴は三所避けを行う相手に効果的な技だが、この三所避けを行う相手に対し、より確実に左手を上げさせることができれば、逆胴がさらに打突しやすくなる。そこで、**相手の竹刀を表から押さえ、みぞおちに向かって一気に入れば、相手は瞬間的に危険を察知し、剣先を上げるよりも先に、反射的に左手を上げることになる。**こうしておいて、竹刀を小さく回し逆胴を打突すれば、一本を取れる可能性が極めて高くなる。

Point 1 剣先を押さえて一気に入る

胴を打突する際は、相手の手元を上げさせる必要がある。特に逆胴の場合は、左手を上げさせる必要があるため、相手の竹刀を表から押さえながら、みぞおちに向かっていくイメージで一気に入ろう。相手は受けが遅れると反射的に判断し、左手を上げさせることができるようになる。

Point 2 竹刀を体の前で小さく回す

逆胴を打突する際は、押さえていた竹刀を頭上で回すが、このとき、剣先が自分の頭より後ろを通過しないように心がけておこう。自分の体の前で小さく回すイメージを持っておくと、より素早く打突でき、相手に避ける隙を与えずにすむ。そうして手首を返し力強く打突しよう。

Point 3 打突後は前方に出ていく

打突後、相手の横に出てしまうと、追い打ちされる危険が高くなってしまう。そこで、逆胴を打突したときは、前方に出ていき、残心を取ろう。こうすることで、追い打ちの危険性を低くすることができるだけでなく、攻撃を含めた次の準備を行うことができるようになる。

指南 プラス+1

通常は逆胴は使わない

ここでは逆胴を解説したが、通常では逆胴は使わないようにしよう。なぜなら、逆胴は三所避けのように左手が上がる癖のある相手に使うと有効で、一本になりやすいからだ。他にも逆胴で一本が取れる場合もあるのだが、基本的に通常では一本となりにくい傾向にある。したがって、試合の中で、あるいは事前の研究で、相手に三所避けの癖があると悟ったときのみ、逆胴を用いるといい。その際の、効果的な逆胴の打突方法を解説していると理解して読み進めておいてほしいものだ。

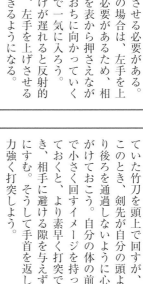

流れ

No.59
突き
（基本）

相手の鍔元を攻めて手元を下げさせ、こちらの竹刀が点に見えるように突けば、相手は距離感がつかめない

鈴木氏が実践している突きの打突技術について紹介しよう。突きの場合は、他の打突部位と違い、相手の中心を取るというよりも、剣先を下げて鍔元を攻めよう。相手が小手を警戒し、手元を下げるため、突きが空きやすくなる。そして打突するときは、**相手から見て剣先が点になるようにするといい。つまり刃筋が見えないように剣先を向けていくと**、相手は距離感がつかみにくく、竹刀が近づいてくるのがわかりにくい。同時に、手打ちにならないよう、しっかりと腰を入れて思い切り突こう。

Point 1 鍔元を攻めて手元を下げさせる

突きを打突する場合は、相手の中心を取るというよりも、相手に手元を下げさせる必要があることは言うまでもない。そのため、剣先を下げて、相手の鍔元を攻めよう。こうすることで、相手は小手を警戒し、手元を下げるため、突きを空けさせることができ、より突きやすくなる。

Point 2 こちらの竹刀が点になるように突く

突きで打突するときは、相手から見て、竹刀（刃筋）が見えるよりも、竹刀が点に見えた方が、距離感がつかめず打突しやすくなる。つまり、手元と剣先の延長線上に相手の目があるようにすれば、相手には竹刀が点に見え、竹刀が近づくのが分かりにくくなるのだ。

Point 3 手打ちにならないよう腰を入れて打突する

突きを打突するときは、手打ちになりがちだが、しっかりと腰を入れて打突するよう心がけておこう。腰を入れて打突することで、手打ちになってしまうよりも、打突部位を外してしまうリスクを軽減させることができるだけでなく、力強さも増し、一本にもなりやすい。

指南 プラス+1

思い切り突く効果

Point3で、腰を入れて打突する重要性を説いたが、腰を入れて思い切り突くことで、一本になりやすいだけでなく、実は別の効果も期待できる。突きは打突部位が狭いため、他の部位に比べて外しやすいというリスクがある。外した場合、手打ちになっていると、相手からの反撃も受けやすくなってしまう。しかし、仮に外した場合でも、思い切り突くことで、相手がバランスを崩す可能性が高くなる。相手がバランスを崩せば、それだけ反撃されにくいという効果が期待できるのだ。

流れ

No.60
突き
（片手突き）

相手の意表を突く裏からの片手突きは、ひねりを加えることで、正確かつ力強く突くことができる

ここでは突きの応用として、裏からの片手突きを解説しよう。

通常、突きは表から行われることが多いため、裏からの突きを警戒する人は少ないはずだ。そのため、裏から突きを狙うと、相手の虚を突くこともできる。裏からの突きでは、相手の手元を下げさせるというより、裏で中心を取ることが必要になるので、表から竹刀を押さえ、相手の力を利用して竹刀を裏に回そう。そして、**左腰と左肩から腕全体を内側にひねりながら打突するといい。**打突後は素早く中段の構えに戻ることも重要だ。

Point 1 相手の力を利用して竹刀を裏に回す

攻め合いの中で、相手の竹刀を強めに押さえよう。相手は押し返してくるので、その力を利用して、素早く裏に回せば、瞬間的に相手の中心を取ることができる。その瞬間を逃さず、そのまま裏からの突きを狙えば、相手の虚を突くこともでき、効果的な一本となる。

Point 2 肩からひねりを加えて突きを打突する

裏からの片手突きをおこなうときは、そのまま真っ直ぐに竹刀を出して突くよりも、肩から腕全体で内側にひねりを加えることで、より力強く打突できる。また、ひねりを加えることで、打突部位を外しにくくする効果も生まれる。同時に左腰も内側にひねりを加えておこう。

Point 3 打突後は素早く中段に戻る

片手突きは、一方の手を竹刀から離してしまうため、それだけで不利な状態と言える。また、前方に抜けていくわけでもないので、相手に攻撃されると、一本を取られる危険性が高くなる。そこで、打突後は、素早く中段の構えに戻り、次の動作に備えることが重要だ。

指南 プラス+1

回しすぎてもいけない

突く際は肩からひねりを加えると解説したが、それを意識するあまり、回しすぎないように注意しよう。回しすぎると、左肩が前方に出て半身になってしまう。剣道では、常に相手に正対しておくことが基本中の基本。半身になるということは、相手に正対していない状態であると同時に、その後の中段に戻る動作も素早くできず、打たれやすい状況を作ってしまうからだ。肩から肘と手首を内側に入れるようなイメージで、正面を向いたまま、左肩だけが前に出るような突き方が望ましい。

転機となった試合

――剣道は気持ちと間合いが大切――

鈴木氏が準優勝したときの国民体育大会（以下、国体）での団体戦。

このときは、国体の2週間前に鈴木氏は全日本東西対抗剣道大会に出場していた。そのため、大会前に十分な練習時間を確保することができず、また同時に、連戦の疲れからか、体が思うように動かないという最悪のコンディションで、国体の開催地へと向かったのだった。

剣道の試合が行われる日程の5日ほど前に現地入りした鈴木氏たちは、それから試合までの5日間、チームは調整を含めた練習を行うのだが、ここで鈴木氏はチームの仲間に、No.42（P92）やNo.48（P102）で紹介したような、間合いを大切にして呼吸を合わせた応じ技の練習や稽古をしてもらえるよう依頼したのだという。『お願いされた仲間は迷惑だったかもしれない』と当時を振り返り鈴木氏は笑っていたが、相手の負担にならない程度の短時間で、それらの練習を試合当日まで取り入れていった。

そうして迎えた試合当日は、対戦相手との間合いがよく見えるようになり、鈴木氏はもちろん、チームも好成績をあげていく。結果的に、開催県の優勝で幕を閉じた国体だったが、鈴木氏率いる千葉県は、準優勝という好成績を収めたのだった。

このときの試合を振り返り、『やはり剣道は、強い気持ちと間合いが大切。短時間であっても、目的を見据えて計画的に練習し、また、間合いと呼吸を大切にして練習していれば、試合で間合いがよく見えるようになり、結果はおのずとついてくるもの』と実感したという。

— 監修 —

鈴木剛

昭和47年千葉県出身
剣道教士七段

千葉県立安房高等学校－法政大学－千葉県警察

主な剣歴
全国警察剣道大会　11回出場
全国警察剣道選手権大会　4回出場
全日本剣道選手権大会　4回出場（平成16年優勝）
全日本東西対抗剣道大会　4回出場
全日本選抜七段剣道選手権大会　4回出場（平成28年準優勝）
国民体育大会（剣道競技）　10回出場（準優勝1回、3位2回、4位1回、5位2回）
全国道場対抗剣道大会　4回出場（優勝、準優勝　各1回）
全日本学生剣道優勝大会　2回出場（優勝、3位　各1回）

— 撮影協力 —

手塚英樹（剣道錬士七段）

STAFF
●企画・取材・原稿作成・編集
冨沢　淳

●写真
真嶋和隆

● Design & DTP
河野真次

●監修
鈴木剛（剣道教士七段）
千葉県立安房高等学校－法政大学－千葉県警察

●撮影協力
手塚英樹
（剣道錬士七段）

試合で勝つ！剣道　必勝の戦術60　新版

2021年9月20日　第1版・第1刷発行

監　修　鈴木　剛（すずき　つよし）
発行者　株式会社メイツユニバーサルコンテンツ
代表者　三渡　治
〒102-0093東京都千代田区平河町一丁目1-8
印　刷　株式会社厚徳社

ご意見・ご感想はホームページから承っております。
ウェブサイト　https://www.mates-publishing.co.jp/

編集長：堀明研斗　　企画担当：千代 寧

※本書は2012年発行の『試合で勝つ！剣道　必勝の戦術60』を「新版」として発売するにあたり、内容を確認し一部必要な修正を行ったものです。